Das große
Leo Lukas
Lesebuch

Leo Lukas

Das große
Leo Lukas
Lesebuch

ueberreuter

Glücklich ist, wer genießt,
was nicht zu verdrängen ist.

Mit freundlicher Unterstützung durch das

≡ Bundeskanzleramt

1. Auflage 2018 ⅅℝ 7374
© Carl Ueberreuter Verlag, Wien 2018
ISBN 978-3-8000-7713-7

Covergestaltung: Saskia Beck, s-stern.com
Coverfoto: © Götz Schrage
Satz: Hannes Strobl, Satz·Grafik·Design, Neunkirchen
Lektorat: Marina Hofinger
Druck und Bindung: Finidr s. r. o.

www.ueberreuter-sachbuch.at

Inhalt

wenn ich aufsteh'
früh am mittag
ist es meistens schon halb vier
und mein bad ist überfüllt
denn ich steh mehrfach neben mir

und der herr in meinem spiegel
wendet schweigend mein gesicht
ich würd' gern wissen
wie's mir geht
aber ich frag mich lieber nicht

Passiver Poet

Des Morgens, wenn der Tag erwacht
Im violetten Licht,
Und mancher sich ein Frühstück macht,
Mach ich mir ein Gedicht.

Ich bin nicht aus auf Prunk und Pracht,
Auf Glorie nicht erpicht.
Ich freu mich, dass die Sonne lacht,
Und über mein Gedicht.

Und stirbt mein Bruder in der Schlacht –
Ich schiebe meine Schicht.
Ich hab den Krieg ja nicht entfacht,
Ich schrieb nur ein Gedicht.

Und wenn die Welt zusammenkracht
Und auseinanderbricht,
Dann sag' ich freundlich: Gute Nacht,
Und ende mein Gedicht.

Und warte leise und bedacht
Aufs Jüngste Weltgericht.
Ich hab ja niemals was gemacht;
Nichts, außer dies Gedicht.

Everybody is talking about history.
I'm talking about my story.
Sun Ra (1914–1993), Jazzmusiker
und kosmischer Philosoph

Ein lustiger Bettler

Über mich weiß ich recht wenig.

Das mag seltsam anmuten, auf den ersten Seiten eines Buches, das anlässlich meines sechzigsten Geburtstags erscheint. Wäre nicht ein souverän-abgeklärter Rückblick angebracht? Nach über dreitausend Bühnenauftritten und fast ebenso vielen kleineren oder größeren schriftlichen Veröffentlichungen, nach diversen Auszeichnungen und sonstigen Würdigungen?

Bedaure, liebe Leute. Ich verspüre nicht den geringsten Anflug von Altersweisheit.

Insgeheim bin ich immer noch der unsichere, kleine Bub, den meine Mutter losgeschickt hat, damit er ihrer Freundin zwei Hausnummern weiter eine Nachricht überbringe. Ort des Geschehens war eine Siedlung aus vier Reihenhäusern gleicher, schlichter Bauart, jeweils für zehn Wohnparteien, allesamt Bergarbeiter und deren Angehörige. In dieser Siedlung herrschte ein strenges Regime. Wir Kinder durften nicht laut sein, weil stets etwa ein Drittel der Männer Nachtschicht hatte, also tagsüber möglichst ungestört schlafen können musste. Ebenso verboten waren das Betreten der Gemüsegärten sowie die Entweihung der heiligen, mini-parkartigen „Grünanlagen" zwischen den Häusern. Und Tretrollerfahren auf den diese umgebenden Schotterwegen. Und Turnen auf den Teppichklopfstangen. Und Schifferlspielen an den die Siedlung begrenzenden Abwasserkanälen. Also eigentlich alles, inklusive zu heftiges Atmen.

Jedenfalls, meine Mutter hatte mich entsandt, vom „dritten Haus" zum „ersten". Unterwegs wurde ich jedoch jählings gestoppt von einer Matrone, die mich am Haarschopf ergriff, meinen Schädel mehrmals hart an den Rauputz des „zweiten Hauses" drosch, dass es nur so pummerte, und dabei rhythmisch ausrief: „Ös Trotteln – habts nix – verloren – in unserem – Revier!"

Zu einer Rechtfertigung meines Auftrags kam ich nicht. Betäubt, mit etlichen Abschürfungen und wahrscheinlich einer leichten Gehirnerschütterung taumelte ich heim. Beklagte mich bei der Mutter – der Vater war auf Schicht – über die aus meiner Sicht ungerechte Behandlung. Aber die Mutter zeigte sich nur enttäuscht darüber, dass ich nicht einmal diese leichte Hürde gemeistert hatte. Wirklich lebenstüchtig, erklärte sie mir sinngemäß, wäre ich noch lange nicht. Sonst wäre ich durchgekommen durch die unsichtbare Barriere zwischen den Häusern.

„Was hätte ich denn machen sollen?", fragte ich gedemütigt, unter Tränen.

Ihre Antwort lautete: „Red' oder scheiß Buchstaben!"

Tja.

Das erklärt, was ich seither im Wesentlichen getan habe: Geredet, oder Buchstaben auf Papier gesch … rieben.

*

Verstehen Sie mich bitte nicht falsch: Ich hatte eine ziemlich schöne Kindheit. Doch, doch. Meine Eltern waren meistens sehr lieb zu mir, sogar überfürsorglich, „overprotective", besonders der Vater.

Das hing damit zusammen, dass ich ein Wunschkind war, auf das sie lange gewartet hatten. In den ersten Jahren ihrer Ehe wohnten sie bei der Großmutter mütterlicherseits, sehr beengt, mit nur einem gemeinsamen Schlafzimmer. Der andere Raum war zugleich Küche und Schneiderwerkstatt*. Da wäre kein Platz für Nachwuchs gewesen (einmal eröffnete mir die Mutter launig, mit den zur Verhütung benutzten Kondomen „hätte man eine Wasserleitung von Köflach

---

* Die Oma, Mizzi Seiner, war Weißnäherin (weiter hinten findet sich ein Lied über sie). Am Tag arbeiteten auf den wenigen Quadratmetern neben ihr bis zu sieben Lehrmädchen.

bis Knittelfeld legen können"). Erst als die Bergbaugesellschaft endlich die vier Siedlungshäuser errichtet hatte, durfte an Vermehrung gedacht werden.

Der Vater, von dessen sechs jüngeren Geschwistern drei sehr früh gestorben waren, hätte mich am liebsten in Watte gepackt. Gefährliche Tätigkeiten, wie z. B. auf Bäume kraxeln und dergleichen, konnte ich nur wagen, wenn er nichts davon erfuhr. Die Mutter wiederum hätte es als Frevel empfunden, mich in einen Kindergarten zu geben. Sie wollte mich bei sich zu Hause bewachen können.

Ich erinnere mich, viel mit meinem Teddybären gespielt zu haben. Eines Tages – da muss ich etwa vier gewesen sein – probte ich mit ihm ein kurzes Theaterstück ein, das ich begeistert nach dem Abendessen vorführte. Ich fand das sehr lustig. Die Eltern waren nicht amüsiert. Vielmehr sorgten sie sich um meine Zukunft, weshalb sie präventiv meinen ersten Bühnenpartner, den Teddy, vor meinen Augen in den Kohlenherd warfen. Es prasselte gleich hellauf, stank ein bisschen, und einmal noch entfuhr dem verschmorenden Bärenleib ein letztes, müdes, absterbendes „Mööh!"

Bald darauf brachte ich mir selbst das Lesen bei, anhand von „Fix und Foxi"-Heften, die der Großvater väterlicherseits (der ebenfalls Leo Lukas hieß) gestiftet hatte. Wenn wir bei ihm oder der Tante Rosi zu Besuch waren, in einer anderen, ähnlichen Siedlung, erkundigte ich mich unauffällig nach diesem oder jenem Buchstaben, bis ich alle beisammen hatte. Dem Opa fiel als Erstem auf, dass ich nicht länger bloß die Bilder anschaute …

Ab da galt ich als Wunderkind und von Baumkraxeln etc. konnte ich nur mehr träumen.

*

In der Volksschule war mir die meiste Zeit entsetzlich langweilig. Bei vierzig Buben, von denen manche noch Probleme mit der Kontrolle der Schließmuskeln hatten (Klogang war nur in der Pause erlaubt), kam so etwas wie „Begabtenförderung" nicht einmal ansatzweise vor.

Ich vertrieb mir die Zeit, indem ich kleine Gedichte verfasste; obwohl auch das heimlich geschehen musste, unter der Bank. Wir durften ja nur zum Bleistift greifen, wenn dies angeordnet wurde. Manchmal gelang es mir, ein Kirchengesangsbuch einzuschmuggeln. Dann sang ich mir, sobald ich daraus die Noten erlernt hatte, im Kopf die Melodien vor, am liebsten jene der Schubert-Messe.

Alles änderte sich, als ich in die Mittelschule kam.

Wobei ich fast an der Aufnahmeprüfung – eine solche gab es damals noch – gescheitert wäre. Der mathematische Teil bestand darin, die Fläche eines Tischtuchs zu berechnen, welches um so und so viel länger und breiter war als die Tischfläche selbst. Mir erschien die Aufgabe zu simpel; da musste doch mehr dahinterstecken, wenn es um eine so wichtige Sache wie die Zulassung zu „Allgemein Höherer Bildung" ging! Also zog ich diejenigen rechteckigen Segmente ab, die durch den Fall und die Faltungen des Tuchs an den Ecken nicht mehr zu sehen waren.

Falsches Ergebnis. Überhaupt, was hatte ein Arbeiterbalg am Gymnasium verloren?

Zu meinem Glück setzte sich der Volksschuldirektor für mich ein und verwies auf den Rechengang, in dem meine zu komplizierten, weil weiterreichenden Überlegungen dokumentiert waren. Ich wurde denn doch aufgenommen, „unter Vorbehalt".

Und dann hatte ich nochmals Glück, Riesenglück. Ein wahrer Mentor trat in mein Leben, ein wunderbarer Mensch, als Deutschprofessor durch alle vier Unterstufenklassen.

*

In den frühen Siebzigerjahren des vorigen Jahrhunderts herrschte Lehrermangel. Deshalb bot das Unterrichtsministerium Studenten des zweiten Studienabschnitts an, als „Vertragslehrer" an die Gymnasien zu gehen, noch bevor sie diplomiert hatten.

G. war einer davon und sich nicht zu schade, wochentäglich inklusive Samstag mit dem Zug von Graz nach Köflach und retour zu fahren. Aus heutiger Sicht mutmaße ich, dass er eine recht unglücklich-komplizierte Persönlichkeit war, möglicherweise schwul oder eher noch verklemmt-asexuell. Häufig drohte er scherzhaft an, den einen oder anderen von uns – wir waren weiterhin eine, wie es hieß, „reine Bubenklasse" –, zu „vergenusszwergeln". Aber dabei blieb es; meines Wissens kam es nie zu irgendwelchen Übergriffen.

Jedenfalls erkannte G. in mir ein gewisses Talent und förderte mich, weit über das Übliche hinaus. Für hervorragend gelungene Hausübungen oder Schularbeiten verschenkte er Schundheftromane, mit der Begründung, „Was anderes lest ihr eh nicht." So kam ich zu meinen ersten Dreifach-Sammelbänden der Reihe „Terra Astra" und mir eröffnete sich ein völlig neues Universum.

G. veranstaltete auch, schon in der zweiten Klasse, einen öffentlichen „Sketch-Abend" im Köflacher Volksheim. Mir teilte er den „Buchbinder Wanninger" zu, ein berühmtes Solo von Karl Valentin. Im Original dauert die Nummer etwa drei Minuten. Als ich, damals zwölfjährig, allerdings merkte, dass das Publikum darauf ansprang, begann ich schamlos zu improvisieren und erfand mehr und immer noch mehr hinzu.

Liebe Leute, war das geil! Ich schwebte dahin, getragen von Lachstürmen und Applaus, bis man mich unter Protesten der Zuhörerschaft von der Bühne zerrte. Egal. Zum ersten Mal fuhr mir ein, durch und durch, was Theater ist, und was, obwohl ich den Begriff noch gar nicht kannte, die eigenartige Sonderform des Kabaretts.

Von da an fühlte ich mich verpflichtet, jede „Redeübung" zu einem Ereignis zu gestalten. Ich erforschte neue Tricks, setzte Requisiten ein, Verkleidungen, musikalische Elemente. Auch meine Aufsätze sprengten alle Rahmen, wurden zu Kurzgeschichten und Mini-Dramen. In der großen Pause kamen Oberstufenschüler zu mir und erzählten, dass deren Professorinnen ihnen meine Ergüsse vorgelesen hätten. Kurz: Ich war ein lokaler Star, noch ehe mir Haare in der Leibesmitte wuchsen. Eine jugendliche Verehrerin schrieb mir aus dem Salzkammergut eine Postkarte, adressiert mit „Leo, Köflach", sonst nichts. Die Karte kam an.

Beflügelte mich das alles, stieg es mir zu Kopf? Aber sicher doch!

14

Nachdem ich die landesweite Latein-Olympiade gewonnen hatte, erklärte ich dem Lateinprofessor, dass ich ab sofort keine Vokabelprüfungen mehr absolvieren würde. Denn wenn er mir im Zeugnis keinen Einser gäbe, müsste er, um die Relationen zu wahren, den Rest der Klasse durchfallen lassen. Er nahm es, nicht ohne Zähneknirschen, hin.

Aber ich wollte von G. erzählen. Während ich einen Triumph nach dem anderen einfuhr, drängte man ihn, doch endlich der Form halber sein Diplom nachzuholen. G. reichte – wie mir später ein Kollege berichtete – eine Arbeit über Hölderlin ein, die sage und schreibe tausend Seiten umfasste. Sein Betreuer meinte, er möge bitte nicht deppert sein, das wäre keine Diplomarbeit, sondern eine Habilitationsschrift, und er solle sie auf einen erträglichen Umfang zusammenkürzen.

G. reduzierte, gewiss unter Blut, Schweiß und Tränen, das Opus auf achthundert Seiten. Nicht genug gestrichen, befand gnadenlos der Obergermanist, bei Weitem nicht. Worauf G. das gesamte Konvolut dem Feuer übergab, im Kamin verheizte, mitsamt aller früheren Versionen. Da er daraufhin den Schuldienst quittieren musste, ging er zur Post, als mangelhaft qualifizierter, nicht-akademischer Hilfsarbeiter.

Einmal habe ich ihn noch getroffen, in der Grazer Elisabethstraße. Er wollte an mir vorbeischlurfen, aber ich erkannte ihn und rief aus: „Herr Professor!"

„Ich bin kein Professor", sagte er. „Wie war noch gleich Ihr Name?"

„Lukas. Leo Lukas. Sie erinnern sich doch noch an mich? Ich war Ihr Lieblingsschüler! Kaum jemandem verdanke ich mehr als Ihnen!"

„Ja, ja … Sie machen jetzt, lese ich in der Zeitung, so … Kabarett?"

„Ich spiele gerade im Theatercafé. Sechs Wochen lang, durchgehend. Alles seit Langem ausverkauft. Aber ich bringe Sie schon noch rein. Würden Sie mir die Ehre erweisen?"

„Nein. Nicht böse sein, dort ist es so verraucht. Vielleicht ein andermal."

Er drehte sich weg und bog in eine Seitengasse ein, obwohl ich ziemlich sicher war, dass er nicht in diese Richtung hatte gehen wollen. Und das ist das Letzte, was ich von ihm weiß.

Spätestens in der Pubertät hatte ich endgültig beschlossen, Schriftsteller zu werden. Wie Wolfgang Borchert oder Franz Kafka, wie Georg Trakl oder Jaroslav Hašek; nur vielleicht ein bisschen länger leben und mit ein bisschen mehr Anerkennung schon vor dem Tod.

G.s Nachfolger in der Oberstufe hatten es nicht leicht mit mir. Zum einen bediente ich die Wünsche meines Publikums und scherte mich wenig um sogenannte „Themenverfehlungen". Zum anderen beharrte ich, etwa bei auftretenden Differenzen über die Interpretation von Werken der erwähnten und anderer Autoren, großkotzig darauf, dass ich, ein wahrer Poet von klein auf, ja wohl besser wisse als irgendwelche Theoretiker, was sich meinesgleichen dabei gedacht habe. Ich war, wie es im steirischen Dialekt heißt, „eine richtige Krätzen"; aber da ich in sämtlichen schriftlichen Arbeiten der gesamten Mittelschulzeit insgesamt nur zwei leichte grammatikalische Fehler fabrizierte, konnten sie mir nicht viel anhaben.

Die schlechten Noten in Betragen und die alljährlichen Androhungen von Schulausschluss feierte ich als Beweis dafür, dass ich kein braver Streber war. Drei Stunden, nachdem ich meine Reifeprüfung auschließlich mit Einsern abgelegt hatte, wurde ich wegen Volltrunkenheit denn doch der Schule verwiesen, worauf ich sehr stolz war.

*

Mit 18 kam ich – weil der Schularzt, ein schlagender Burschenschaftler, es bei der Tuberkulose-Impfung nicht der Mühe wert gefunden hatte, im Klassenbuch nachzusehen, ob alle anwesend wären, und daher auf mich vergessen hatte – in eine Lungenheilanstalt, was mein literarisches Sendungsbewusstsein durchaus verstärkte; und schließlich in die große Stadt Graz, die sich zu jener Zeit „Weltmetropole der Dichtkunst" nannte.

Dort wohnte ich zahlreichen Veranstaltungen bei, in deren Rahmen prominente promovierte Germanisten prominenten promovierten Germanisten prononciert germanistisch produzierte Texte vorlasen. Die waren zwar wenig verständlich, aber hochgradig dazu geeignet, dass sich anhand ihrer andere, noch nicht prominente, erst noch zu promovierende Germanisten in germanistischen Proseminaren unter der professoralen Protektion besonders prominenter, promovierter Germanisten profilieren konnten.

Ich wurde dann doch lieber Zeitungsreporter.

Allerdings wollte zu meinem großen Erstaunen die „Kleine Zeitung" nicht (wie diverse Literaturzeitschriften) alles abdrucken, was ich geschrieben hatte, beziehungsweise nur unter beträchtlichen Modifikationen in Aussage und Wortwahl. Besonders bei Themen wie Bundesheer oder Zivildienst, Atomkraft oder Solarenergie. Auch in Fragen der Behandlung von Beschäftigten gewisser Firmen, die sehr oft sehr große Inserate schalteten, traten gelegentlich, nun ja, Auffassungsunterschiede zwischen mir und dem Herausgeber zutage. Ich bin ihm trotzdem zu Dank verpflichtet, weil er meine Hinwendung zum Kabarett entscheidend befördert hat.

In jenen Jahren ereignete sich im deutschen Sprachraum etwas höchst Seltsames, derart nie Dagewesenes. Eine Gattung oder Sparte oder – furchtbares Wort – Disziplin, die als kleine, schmuddelige, minderbemittelte Halbschwester des Theaters angesehen wurde, jedenfalls aber zur Unterhaltungskunst gezählt wurde (im Gegensatz zur hohen, „ernsthaften"), entwickelte sich völlig autark, ohne nennenswerte staatliche oder mäzenatische Förderung, bar jeden politischen oder kunsttheoretischen Überbaus, zu beachtlicher, ja erstaunlicher Größe. Es wurden ganz einfach immer mehr Zuschauer, immer mehr Kabarettbühnen, immer mehr Kabarettisten. Ob Sie es glauben oder nicht, es gab Jahre, da verkaufte die österreichische Kleinkünstlerriege zusammengenommen mehr Eintrittskarten als die Vereine der höchsten hiesigen Fußball-Liga! Und würden Kabarettprogramme in die Liste der meistgespielten Theaterstücke aufgenommen, wären vermutlich mit wenigen Ausnahmen auch heuer und in den nächsten Jahren mindestens die ersten fünfzig Plätze von ihnen besetzt ...

Aber diese nimmersatten Irrläufer begnügten sich nicht damit, von materiellen Sorgen und inhaltlichen Einschränkungen frei zu sein wie wahrscheinlich kaum eine Künstlergeneration je zuvor.

Nein, sie drängten frech und abscheulich respektlos auch in andere Bereiche. Vom TV übers Kino und die Hitparade bis zum Songcontest – wohin man schaute: Kabarettisten!

Und dann auch noch in den Bestsellerlisten. Michael Niavarani hat wahrscheinlich mehr Exemplare seiner Bücher verkauft als Goethe und Schiller zusammen. Die beiden meistgelesenen lebenden österreichischen Autoren sind Michael Marcus Thurner und, ähem, ich; nämlich im Rahmen der „Perry Rhodan"-Romanserie. Pulp Fiction, ja – aber gleichwohl die größte und umfangreichste, weil seit 1961 ununterbrochen wöchentlich fortgesetzte literarische Unternehmung der Menschheitsgeschichte. Die Gesamtauflage beträgt derzeit rund 1,7 Milliarden. Im Frühjahr 2019 wird Band 3000 erschienen sein.

Nach wie vor ist kein Ende absehbar.

*

Mein lieber, gemütlicher Opa, von dem ich erst posthum erfuhr, dass er ein berüchtigter Gewerkschaftsfunktionär gewesen war („Wenn der Leo Lukas wo hinkommt, gibt's Zores", hieß es laut Tante Rosi über ihn), sagte irgendwann zu mir, während er mich „hopperte", also auf den Knien schaukelte: „Aus dir wird einmal ein lustiger Bettler."

Er sollte Recht behalten.

Nicht, was das Finanzielle betrifft: Obwohl ich, weiß der Himmel, viel von meinen Einkünften verjuxt und verblödelt habe, bleibt mir nach all den Jahrzehnten an der Humorfront immerhin eine schöne, komfortable, zweistöckige, mittlerweile ausbezahlte Eigentumswohnung im siebenten Wiener Gemeindebezirk. Derlei hat, soviel ich über die Geschichte meiner engeren Familie weiß, niemand von uns vor mir zustande gebracht. Für die Zukunft meiner drei Kinder ist also einigermaßen vorgesorgt; zumal sie mindestens so begabt sind wie ich (nach aktuellem Stand der Wissenschaft wird Intelligenz hauptsächlich über die Mütter vererbt).

Daher kann ich relativ guten Gewissens weiterhin „lustig" sein, soll heißen: Meine Stimme erheben, meinen „Senf dazugeben", ob auf Bühnen oder via diverse Medien. Ich rede und ich presse Buchstaben aus mir heraus, so gut es mir gelingt. Viel mehr kann ich nicht. Viel mehr wollte ich nie können. Und selbstverständlich bettle ich unverdrossen nach Applaus, nach Lob und Anerkennung.

Auf eine große Botschaft, gar ein neues „Evangelium nach Lukas", werdet Ihr, liebe Leute, werte Leserschaft, freilich vergeblich warten. Mir ist ja schon die Übermittlung der ersten Botschaft meiner Mutter nicht gelungen.

Welche gelautet hätte: „Frieda, wir haben ein paar Bohnenstecken übrig. Könnt ihr die brauchen?"

Sternklor

WIAR I A KLA-NA BUA WOR, HOT'S GHAA-SSN: IS DIE NOCHT STERN-KLOR, DAUNN WIR WÖH-LEN ROT, WAL MA WIRD'S MOR-GEN SCHÖIN. UND DES WOR WOHR. WIAR I A KLA-NA BUA WOR, HOT'S SO OR-BA-TA SAN. UND DES WOR KLOR.

BÜ-CHER GEBM: "WIE FUNK-TIO-NIERT DAS?" UND DO WOR OLLS DRIN UND HOT FUNK-TIO-HOB I MA DENKT: OLLS SCHO ER-FUN-DEN. WAASST WOS I MAAN, 'SIS OLLS SCHO PAS

NIERT. WIAR I A KLA-NA BUA WOR, HOB I MA DENKT: WAUNN IM SIERT.

HIM-MEL EH OLLS BES-SER IS, WA-RUM DANN NO SO LAUNG WOR-TN? UND HOB MI AUFS

FENS-TER-BAN-KERL GSTÖLLT IM ERS-TN STOCK, UND O-BI GSCHAUT UND GMERKT: DES IS NET HOCH GE-NUG. NET HOCH GE-NUG. A-BER MIR HOM JO NUR IM ERS-TN STOCK GWOHNT,

UND SPÄ-TER SAM-MA SO-GOR O-BI INS PAR-TERRE ZOGN, WAL'S IM PAR-TERRE A DUSCH GE-BM HOT.

wiari a klaana bua wor
hot s ghaaßn:
is die nocht sternklor, daunn wird s morgen schöin
und des wor wohr

wiari a klana bua wor
hot s ghaaßn:
mir wöhlen rot, weil ma orbeita san
und des wor klor, sternklor

wiari a klaana bua wor
hot s so bücha gebn: „wie funktioniert das?"
und do wor olls drin
und hot funktioniert.

wiari a klaana bua wor
hob i ma denkt:
es is olls scho erfunden
waaßt, wos i maan: es is olls scho passiert.

wiari a klaana bua wor
hob i ma denkt
waunn im himmel eh olls besser is
warum daunn no so laung worten?

und hob mi aufs fensterbankl gstöllt im ersten stock
und obi gschaut und gmerkt
des is net hoch genug
net hoch genug …

wal mir hom jo nur im ersten stock gwohnt
und später samma sogor
obi ins parterre zogn
wals im parterre a dusch geben hot

wiari a klaana bua wor
do hobms ma
mitn obwoschfetzn des gsicht obgwischt
wal ma jo im ersten stock no ka dusch ghobt hobm

i kaunn mi no sehr guat erinnern
wia die WETTEX kumman san
des wor ane von die ersten reklamen im fernsehen
und i hob ma denkt: super!

wal ehrlich gsogt, wiari a bua wor
hot s mir vor die obwoschfetzn
ziemlich graust
die WETTEX worn do a echta gewinn

do hob i des erste mol gmerkt
es ändert si douch wos
aber dadurch wor i
auf amol ka klana bua mehr

und seither
is nix mehr
sternklor

Wider das Vergessen

Alles, was dir die Muse einflüstert, musst du immer, überall und unbedingt sofort schriftlich festhalten. Speziell kurz vor dem Einschlafen! Widrigenfalls du tags darauf erwachst in der hundertprozentigen Überzeugung, dass dir etwas absolut Grenzgeniales eingefallen war, von dessen Tantiemen du dich demnächst, mitsamt sämtlichen Kindern und Kindeskindern, auf einem karibischen Eiland zur Ruhe setzen könntest – wenn du bloß noch wüsstest, was es war.

Aus Schaden pedantisch geworden, notiere ich daher jeglichen Geistesblitz unverzüglich auf allzeit bereitgehaltenen Zetteln. Die ich dann beispielsweise in einer Tasche jener heißgeliebten Lederjacke verstaue, welche ich zwei Stunden später, unmittelbar vor dem Umsteigen in der Zugtoilette hängen lasse. Oder ich gebe den Zettel fein säuberlich gefaltet ins Geldbörsel und streue ihn beim Zahlen der Taxirechnung zusammen mit dem Führerschein aus; was ich freilich erst bemerke, nachdem der Wagen, von dem ich nicht einmal die Funkgruppe, geschweigedenn die Autonummer kenne, um die Ecke gebogen ist. Oder ich lege einen Zettel als Lesezeichen in jenes jahrelang gesuchte, total vergriffene, endlich bei einem unverschämten Blutsauger von Antiquar aufgestöberte Buch, das im Flugzeugvordersitznetz zurückbleibt und vom eher wenig bibliophilen Putztrupp als Altpapier entsorgt wird.

Oder, oder, oder.

Machen wir uns nichts vor, liebe Leute: Zettel verschellen, unweigerlich. Das liegt an ihrem losen Charakter.

Blöcke, Hefte oder Ringordner wiederum sind nur perfide Zusammenrottungen einzelner Zettel, die alle auf einmal verschüttgehen wollen. Aber zündende Einfälle gleich in den Laptop zu tippen, wage ich schon gar nicht – sonst ist auch der noch weg; es wäre nicht der erste.

Schlüssel-Erlebnisse sind in meiner Familie sowieso an der Tagesordnung. Was wir schon fassungs-, hilf- und schlüssellos an die Tür der eigenen Wohnung gepumpert haben, in der zugegeben recht vagen Hoffnung, es befände sich gerade ein Einbrecher drin, der uns öffnen könnte! Gestohlen oder geraubt worden ist mir, nebstbei bemerkt, auf all meinen Reisen nicht annähernd so viel, wie ich verloren oder vergessen habe.

Aber wo Issos liegt, nämlich in Kilikien, und wann sich dort Alexander der Große mit den Persern getögelt hat, nu? – Richtig, 333, das bleibt bis ans Lebensende unauslöschlich eingebrannt. Soviel zum Wert der humanistischen Bildung.

Schals, Baskenmützen oder Sonnenbrillen wurden einzig und allein dafür erfunden, damit ich sie freigiebig über den Erdkreis verteile. USB-Sticks und dergleichen schaffe ich mir gar nicht erst an; genausogut könnte ich sie an der nächsten Straßenkreuzung aussäen. Das viele Seiten lange Kapitel „Handys"wird an Traurigkeit nur vom oberschenkeldicken Wälzer „Ladegeräte" übertroffen. Und bringen Sie in meiner Gegenwart das Gespräch bitte lieber nicht auf Regenschirme!

Selbst wenn ich mich hinterher ausnahmsweise punktgenau erinnern sollte, an welchem Ort ich nur sechs meiner Siebensachen wieder eingepackt habe, hilft das fast immer gar nix. Die Schaffner, Stationsvorstände und Fundämter der von mir oftmals geschmähten ÖBB möchte ich diesbezüglich explizit loben, die sind nach meiner leider reichen Erfahrung schwer okay. Manchmal rufen sie mich schon an, bevor ich überhaupt bemerkt habe, dass ich meinen Requisitenkoffer vermisse.

Was hingegen die Betreuung schusseliger Kunden bei den allermeisten Reiseveranstaltern betrifft oder gar das vollkommen wahnwitzige Ansinnen, auf US-amerikanischen Flughäfen rasch noch einmal zurück in die Gepäckausgabehalle zu laufen: Vergiss es!

Am flachen Land

Ich weiß schon, liebe Leute, dass ihr nach schlüpfrigen Anekdoten aus dem Künstlerleben lechzt. Und ja, tatsächlich gab es im Lauf der vielen Jahre die eine oder andere Ab- bzw. Ausschweifung. Aber so beiderseits freudvoll und nachgerade spektakulär es in manchen Fällen gewesen sein mag – ich werde mich hüten, damit zu prahlen; denn repräsentativ wäre es nicht.

Der Alltag sah anders aus.

*

Es war eine dieser Vorstellungen, die man gern gleich wieder vergisst: mittelmäßig hässlicher Mehrzweck-Gemeindesaal, mittelmäßig gefüllt mit mittelmäßig aufnahmebereitem Publikum ... Was unsereins halt après achselzuckend, jedoch ganz leicht schaudernd als „eh nett" abtut.

Die mittelmäßige Gage war mir von der mittelmäßig interessierten Kulturreferentin bereits in der Pause überreicht worden. Worauf sie sich absentiert hatte, mit der Entschuldigung, sie müsse am selben Abend noch zu zwei Sparvereins-Auszahlungen und einem Feuerwehrfest; übrigens in Begleitung der lokalen Kulturkritikerin, deren Rezension meines Auftritts trotzdem im Pfarrblatt erschien: eh nett.

Die Ortschaft gehörte zu jenen, deren Namen man sofort wieder vergisst. Sie lag im niedersten Niederösterreich, wo Ferien auch heute noch Ferien sind (weil den ganzen Sommer über sonst nichts los ist), und gerade so nahe zu Wien, dass die Bereitstellung einer Übernachtungsmöglichkeit unnötig erschienen war. Zumal die Kulturreferentin versichert hatte, dass hinterher zahlreiche Zuschauer, ohnehin praktisch allesamt ihre persönlichen Freundinnen und Freunde, „in die Stadt rauschen" und mich gewiss gerne mitnehmen würden.

Ja, Schnecken!

Als ich nach dem letzten, mittelmäßigen Applaus und einem Blitz-Umzug im Foyer erschien, wartete dort nur noch der Haustechniker, ein großer, fleischiger Mann ruralen Zuschnitts, eh nett, trotz der trägen, etwas feuchten Sprechweise. Ich erklärte ihm, dass ich per Regionalzug angereist war, welcher um diese Zeit nicht mehr verkehrte.

Bestätigend wiegte er den halslosen Kopf. „Do geht heit nix mehr."

Meine Frage, ob ihm die Kulturreferentin etwas bezüglich der zahllosen, mir in Aussicht gestellten Mitfahrgelegenheiten verlautet habe, quittierte er mit einem knappen, wenngleich nicht trockenen: „De is a Trouttel."

Ich widersprach nicht, sondern erkundigte mich nach hiesigen Taxiunternehmen.

„Anaran Freitog – gaunz schlecht."

Während ich unauffällig mein Gesicht abwischte, fuhr er fort, aus meinen bisherigen Ansinnen die knallharte Schlussfolgerung ziehend: „Wulln Se Wean eine, ha?"

Ich bejahte.

„Wou in Wean?"

„Siebenter Bezirk, aber das muss nicht sein. Jede beliebige U-Bahn-Station tät's auch."

„Mei Schwoga is in Kagran. Keinnti wiedramol bsuachn." Er blickte auf seine Uhr. „I steh am Parkplotz. Muass aba nou zsaummramma."

＊

Mit diesen hoffnungverheißenden Worten begann er, die Aschenbecher einzusammeln.

Er legte keine übertriebene Eile an den Tag, seufzte, ächzte und stöhnte bei jeder Bewegung. Also half ich ihm, die Sessel aufzustuhlen, den Saal samt Foyer nebst WCs zu reinigen, die leeren Bierfässer gegen volle auszutauschen etcetera.

Nebenbei horchte er mich darüber aus, wie man eigentlich Kabarettist werde und ob man davon leben könne. Um ihn bei Laune zu halten, ließ ich mir außerdem zahlreiche Witze erzählen, welche in ein zukünftiges Programm einzubauen er mir gönnerhaft gestattete. Sie waren leider nicht einmal mittelmäßig, vielmehr von der Sorte, die man sofort wieder vergessen will. Ich weiß nur noch, dass sehr häufig drei Neger sowie ein Bordell vorkamen. Nach harten anderthalb Stunden legte er endlich den grauen Arbeitsmantel ab, trank das mindestens elfte Cola-Rot aus, schlüpfte in eine zünftige Rauhleder-Joppe und meinte abermals: „I steh am Parkplatz."

Obwohl nicht ausdrücklich dazu aufgefordert, begleitete ich ihn. Was hätte ich sonst tun sollen? Mit etwas Glück konnte ich die letzte U1 erwischen. Falls wir nicht in ein Planquadrat gerieten ...

Meine Sorge erwies sich als unbegründet.

Am Parkplatz angekommen, rülpste der Haustechniker herzhaft. Dann wünschte er mir eine gute Nacht, bestieg sein einsitziges Moped und tuckerte fröhlich winkend von dannen.

Halbpension

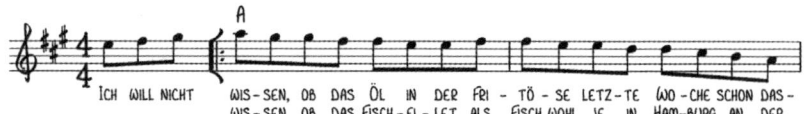

Ich will nicht wis-sen, ob das Öl in der Fri - tö - se letz-te Wo-che schon das-
wis-sen, ob das Fisch-fi-let als Fisch wohl je in Ham-burg an der

sel-be war. Ich will nicht wis-sen, was die pol - ni-sche Ser - vie - re - rin für Ü-ber-stun-den
El-be war, und was des Wir-ten Töch-ter-lein, wenn sie so wei-ter-frisst, in fünf zehn Jah-ren

kriegt, und ob der Chef in manchen Näch-ten bei ihr liegt. Ich will nicht wiegt. Ich will's nicht wissen, schon die

Vor-stel-lung ge-nügt. Und wer vor mir in die-se durch-ge-häng-te Schaumgum-mi-ma-trat-ze schon ge-

schwitzt hat. Und wer im Ba-de-zim-mer an die Wand ein ziem-lich schie-fes Ha-ken-kreuz ge-

ritzt hat. Ich will nicht wis-sen, ob im Zim-mer ne-ben - an ein Herz in Fie-ber-schau-ern

rast. Ich mach mir nichts da -raus. Ich bin nur Gast.

Ich will nicht wissen, ob das Öl in der Friteuse
Letzte Woche schon dasselbe war.
Ich will nicht wissen, was die polnische Serviererin
Für Überstunden kriegt,
Und ob der Chef in manchen Nächten bei ihr liegt.
Ich will nicht wissen, ob das Fischfilet als Fisch wohl je
In Hamburg an der Elbe war,
Und was des Wirten Töchterlein, wenn sie so weiter frisst,
In fünfzehn Jahren wiegt.
Ich will's nicht wissen, schon die Vorstellung genügt.

Und wer vor mir in diese durchgehängte
Schaumgummi-Matratze schon geschwitzt hat.
Und wer im Badezimmer an die Wand
Ein ziemlich schiefes Hakenkreuz geritzt hat.
Ich will nicht wissen, ob im Zimmer nebenan
Ein Herz in Fieberschauern rast.
Ich mach mir nichts daraus. Ich bin nur Gast.

Ich will nicht wissen, ob das Frühstücksei
Von einer Henne stammt, die nie die Sonne sah.
Ich will nicht wissen, was die Wurst an
Antibiotika und Tiermehl in sich trägt,
Und wie die Köchin ihre Fingernägel pflegt.
Ich will nicht wissen, ob das Wasser vom Kaffee
Nicht aus der Regenwassertonne war,
Und welche Krankheiten der Hund hat, der sich müde
Unterm Küchentisch bewegt.
Mir reicht schon, was in mir an Ahnungen sich regt.

Und wenn die Stammtischrunde lacht, ob es der Witz
Von den drei Negern im Bordell war.
Und wenn die Wirtin weint, ob sie für ihn zu langsam,
Oder er für sie zu schnell war.

Ich will nicht wissen, ob der Sohn,
Der alles mitbekommen hat, den Vater hasst.
Ich bin hier nicht zu Haus. Ich bin nur Gast.

Ich will nicht wissen, wo der Pfeffer wächst,
Und wie der Bauer heißt, der ihn gepflückt hat.
Mich int´ressiert nicht, welcher Bartl welchen Most geholt hat,
Und zu welchem Preis.
Sag mir nicht, wo die Blumen sind, und wessen Grab
Was für ein Kind damit geschmückt hat!
Ich zieh es vor, wenn all die Antworten, die nur der Wind kennt,
Ich nicht auch noch weiß.

Und wenn, obgleich kaum jemand mehr darüber spricht,
Die blöden Bomben plötzlich fallen,
Dann sind die, welche es im Schlaf erwischt,
Wohl immer noch die Glücklichsten von allen ...
So spräche lieber als Idiot ich, der von dem,
Was um ihn vorgeht, nichts erfasst:
Ich war hier nie zu Haus. Ich war nur Gast.

Fatale Attraktion

„Verdammt!", fluchte ich lautlos, als klar wurde, dass sie – ausgerechnet SIE! – und ich die Nacht im selben Hotelzimmer verbringen mussten, ob ich wollte oder nicht: „Verdammt, verdammt, verdammt!"

Sie gab sich kühl, spröde, verschlossen. Als bemerke sie meinen Schock und Ekel nicht, würdigte mich die Kanaille keines einzigen Blickes oder Begrüßungswortes. Das hatte sie freilich nicht nötig. Sie wusste genau, welch titanischer Tornado der Gefühle hinter meiner mühsam aufrechterhaltenen Contenance tobte, seit die Zimmertür geil schmatzend ins Kodeschloss gefallen und ich meines Verhängnisses ansichtig geworden war. „Nein!", flehte zittrig die innere Stimme der Restvernunft, „Nein, nicht schon wieder. Diesmal bleibst du stark! Zeig, dass du ein Mann bist, Leo – und bewahre trotzdem die Fassung, verweigere dich, halte deine Lüsternheit im Zaum!"

Leicht gesagt. Übles ahnend, Unheil witternd hatte ich mich schon vor Beginn der Reise auf eine Situation wie diese vorbereitet. Ich hatte gehofft, mich durch Autogenes Training und Transzendentale Meditationen gegen derartige Verlockungen wappnen zu können. Hatte mir bei allem, was mir heilig, geschworen, der Bestie zu trotzen, eisern verkniffen auf größtmöglicher Distanz zu ihresgleichen zu beharren, und wenn es mir vor gewaltsam unterdrückter Begierde Herz und Unterbauch zerrisse.

Aber Theorie und Praxis sind zwei Paar Fußbekleidung, nämlich auf der einen Seite Bergstiefel, verklebt von Kalkstaub und Moorschlamm, auf der anderen hingegen makellos geputzte, aufreizend gelackte, skalpellscharf selbst ins asketischste Auge stechende High Heels mit Zwölf-Zentimeter-Stiletto-Absätzen. Wer von Ihnen, liebe Leute, jemals mit solch ungleichem Schuhwerk auf wackligem, viel zu schmalem Grat über obszön anziehendem, weit klaffendem Abyss balanciert hat, weiß aus eigener leidvoller Erfahrung, wie leicht man dabei schwächelt, strauchelt, ins Schwanken gerät, des Gleichgewichts verlustig geht, aus- und abgleitet, der Versuchung, der Verdammnis und in Folge dem moralischen und finanziellen Ruin anheimfällt.

Ich floh ins Bad, drehte den Hahn bis zum Anschlag auf, nahm eine eiskalte Dusche, bis mir die Zehen abzufrieren begannen. Justierte meine Gedanken auf Frau und Kinder, die daheim darbten und bangten, ihr Vertrauen in mich setzten und von mir, dem Partner, dem Vater, dem Ernährer, Standhaftigkeit erwarteten.

Aber ach! Immer wieder drängte sich das Bild der scham- und ruchlosen Verführerin dazwischen. Ihr makellos glattes Äußeres, die perfekt geschwungenen, schier unendlich vielversprechenden Kurven ... Aus voller Brust sang ich, so laut ich es vermochte, sedierende Buckelwal-Choräle und kernige, normalerweise jegliches Verlangen abtötende Osttiroler Volksweisen.

Vergeblich.

Die Duschkabine dampfte vor meiner rapide sich steigernden Hitze, die Plexiglas-Wände vibrierten und drohten zu zerspringen, so gellend brüllte ich meine Verzweiflung hinaus. Jedoch der Bestie leises laszives Summen ließ sich nicht übertönen, es ging mir durch Fleisch und Lymphe, durch Mark und Schambein. Lockend, ködernd, heiser glucksend gurrte sie mir zu, welch verbotene Freuden sie mir offerieren, welche immer bohrenderen Sehnsüchte sie, sie allein stillen könne. Ha! Wehe! Um welchen Preis, war mir nur allzu klar.

Oh, hätte ich doch einen Mast bei mir gehabt wie Odysseus, mich daran festzubinden, und Wachs, um meine Ohren und sonstigen Körperöffnungen gegen die Einflüsterungen jener teuflischen Sirene zu verschließen! Der Kugelschreiber am Nachtkästchen erwies sich leider als arg mangelhafter Ersatzanker, ebenso die Fernbedienung, trotz Pay-TV mit acht Kanälen. Das lenkte mich gerade einmal ein paar Minuten ab; und selbst in diesen wanderte mein Blick immer wieder, immer häufiger, immer lechzender von den öden, ungustiös sich windenden Leibern nach unten, zu ihr, zur wahren Göttin des Lasters.

Sie funkelte mich an, meergrün blinkende Verfügbarkeit signalisierend, und die Mauer meiner Selbstbeherrschung bröckelte, barst, erodierte wie Sandstein unter der Gewalt einer Gletscherzunge. Es war zu spät, aus, vorbei, um mich geschehen und wir beide wussten es.

Der Damm brach. Gurgelnd, röchelnd, heulend vor Wut und Scham ob meiner schmählichen Niederlage, stürzte ich mich auf sie. Nackt und bloß wie ich war, hechtete ich quer übers Bett, rollte ab, stolperte, torkelte, kroch hin zu ihr, zu ihr, zur verfluchten Minibar. Triumphal höhnisch quietschte die Kühlschranktür, als ich sie auf- und beinahe aus den Angeln riss. Da lauerten sie und grinsten mir siegesgewiss entgegen: das Cola-Fläschchen um sechs Euro, der Schokoriegel um acht, das noch sündhafter überteuerte Döschen Erdnüsse …

*

Dieses vermaledeite Ding, die Minibar, jede beliebige Minibar jedes beliebigen Hotels, ist mein Untergang. Das Ende meiner Disziplin. Der Tod meiner Selbstachtung.

Ich kann den Ludern einfach nicht widerstehen. Aug in Tür mit ihnen breche ich in die Knie und unmittelbar darauf jegliches Fastengelübde. Selbst wenn ich mich zuvor im Restaurant ohnehin schon bis zur nahezu katatonischen Bewegungsunfähigkeit mit allerfeinsten Speise- und Getränkefolgen abgefüllt habe – für ein paar labbrige Pistazien und mindestens ein gastritiskaltes Magenbitter-Fläschchen ist immer noch Platz. Ich verachte, ja hasse mich deswegen, höhne mich im Badezimmerspiegel „jämmerlicher, rückgratloser Schwächling!", geißle mich mit dem Hotelhandtuch …

… und tapse reumütig zurück, denn …

„Waren da nicht auch noch Salzstangen?"

Keinerlei Trost spendet, dass sich das Dilemma in einem formal recht hübschen Schüttelreim verdichten lässt: „Angesichts der Minibar / wird mir klar, ich bin im Ar…""

---

* Kenner und Kennerinnen erkennen: Diese Pretiose bereichert das Genre um einen sog. „keuschen" Schüttelreim, welcher als solcher nur funktioniert, wenn an Stelle des ordinären „sch" drei züchtige Pünktchen gesetzt werden.

Verschärfend kommt hinzu, dass immer mehr erste, zweite und durchaus auch drittvorletzte Häuser am Platz die Artikel in den Minibars mit kleinen elektronischen Chips spicken; „taggen" heißt das auf Englisch. Seither brauchst du das sündteure Zeug gar nicht mehr zu konsumieren. Es reicht, dass du es ein paar Zentimeter bewegst. Zack!, oder besser: Zipzawrrrzl!, steht es schon auf der Rechnung.

Tags darauf, beim Auschecken, hast du die Wahl, dich entweder vor einer prall gefüllten Lobby als knickriger Querulant zu blamieren oder zähneknirschend zu berappen, was du nicht mal verzehrt hast. Wonach du, da du außerdem der höhnisch bleckenden Rezeptionistin justament viel zu viel Trinkgeld gerieben hast, durch die Drehtür schlingerst mit dem tollen Gefühl, gleich dreifach ausgenommen worden zu sein.

Mostbar

Kann sich noch jemand an die „Mostbar" erinnern, in Graz, nahe der Alten Technik?

Eingangstür und Auslagenfenster waren voller Schilder, in Groß-buchstaben gemalt mit Schablonen verschiedener Größen. Man musste läuten, dann ging ein kleines Guckloch auf. Allein hattest du kaum Chancen, eingelassen zu werden; als Gruppe schon eher, vor allem, wenn sich darunter junge Frauen befanden.

Die Wände der Innenräume waren ebenfalls über und über mit Schildern bedeckt. Diverse Speisen und Moste wurden offeriert, aber auch zum Beispiel „Ein Gespräch mit Frau Anni – 1 Schilling". Da-zwischen Weisheiten der Sorte: „Du kannst arbeiten, wie du willst, das Finanzamt nimmt dir sowieso alles weg. Gezeichnet: Mr. New-farmer". Der Wirt hieß nämlich Neubauer. Ursprünglich hätte er, raunte man, einen entlegenen Buschenschank an der slowenischen Grenze betrieben. Da sich dorthin kaum Gäste verirrten, entsann er sich des Spruchs vom Berg und vom Propheten und eröffnete die „Mostbar".

Vielleicht war sie anfangs ja ein relativ „normales" Lokal. Zu der Zeit, als ich sie kennenlernte – Ende der Siebziger –, gab es praktisch nichts mehr von dem, was die Schilder versprachen (wer ein „Ge-spräch mit Frau Anni" verlangte, wurde augenblicklich des Lokals verwiesen). Man konnte auch nichts bestellen, ja sich nicht einmal den Tisch selber aussuchen: Newfarmer führte einen, meist wortlos, zu der Nische seiner Wahl. Diese Nischen wurden von grob verputz-ten und weiß gekalkten, halbhohen Ziegelwänden getrennt, auf de-nen sich unzählige Besucher verewigt hatten, sodass der ganze Raum nur aus Schrift zu bestehen schien. Geputzt war sichtlich schon lange nicht mehr worden. Überall hingen Spinnweben. In einer Art Herr-gottswinkel verblich neben einigen braunen, verstaubten Tannen-zweigen eine papierene „Steirerkrone"-Weihnachtskrippe.

Hatte die Gruppe Platz genommen, geschah erst einmal gar nichts. Uneingeweihte, die nach einer Bedienung riefen, wurden so lange ignoriert, bis sie wieder gingen. Den Geduldigen brachte Newfarmer, wenn ihm die Zeit reif erschien, auf einem großen, rohen Holzbrett eine Anzahl von Verhackertbroten, die nur selten mit jener der Personen am Tisch übereinstimmte. Die Brote waren zentimeterdick mit geriebenen Pfefferoni bestreut. Weiters befanden sich auf dem Brett einige ganze, an guten Tagen geschälte Zwiebeln und mehrere Kleckse Estragonsenf. Dazu gab es Halbliterkrügeln mit Most. Wie sympathisch man Newfarmer war, ließ sich daran ermessen, ob er weniger oder mehr Mostgläser herstellte, als die Gruppe Köpfe zählte.

Kenner beschmierten die Brote mit dem Senf, um die Schärfe der Pfefferoni zu mildern, und bissen zur Kühlung von den Zwiebeln ab wie von Äpfeln. Dass der sehr saure Most sehr schnell zur Neige ging, muss ich, glaube ich, nicht extra betonen. Waren endlich alle Brote brav aufgegessen, servierte Newfarmer ab. Der zweite Gang bestand aus einem Berg Manner-Schnittenbruch (auf den sich, brennenden Gaumens, alle sogleich stürzten) und einigen Viertellitergläsern Zwetschkenschnaps. Damit war das „Mostbar"-Menü beendet. Irgendwann kam Newfarmer und befestigte ein kleines Schild an der Nischenwand, auf dem „pro Person 20.- Schilling" stand, wahlweise aber auch „15.-" oder „25.-". Nachdem er abkassiert hatte, durfte man bleiben, so lange man wollte, kriegte aber nichts mehr.

Es versteht sich, dass dies damals die billigste Gelegenheit darstellte, einigermaßen satt und vollkommen betrunken zu werden; insbesondere, wenn die Gruppe zur Hälfte von Frauen gebildet wurde (freilich ließen sich die wenigsten dazu bewegen, ein zweites Mal hinzugehen).

Newfarmer betonte, wenn er denn überhaupt mit seinen Gästen kommunizierte, dass er, seit ihn Frau Anni verlassen habe, jeden Abend offen hatte, auch zu Weihnachten und an anderen Feiertagen. Eines Tages aber war die „Mostbar" geschlossen und sperrte nicht wieder auf. Vom Lebensmittelamt zugedreht, lautete das Gerücht.

Ich würde gerne wissen, was aus Mr. Newfarmer wurde. Obwohl, vielleicht auch lieber nicht; ich kann mir schwer vorstellen, dass es sich um ein Happy End gehandelt hat. Ein Denkmal aber sollte ihm und der „Mostbar" gesetzt werden – was hiermit geschah.

An manchen Liedern kiefle ich Wochen, Monate, ja Jahre herum. Selten schreiben sich welche wie von selbst, binnen weniger Stunden Text und Musik auf einmal.

Das folgende ist eines davon. Ich hatte mit einem lieben Freund namens Pauli Huter einen Wienerwald-Spaziergang vereinbart, zu dem ich ihn im Stammhaus seiner Baufirma abholte. Im Gang stand ein Kopierer, über dem ein Zettel an der Wand hing: „Alter Toner unbedingt ins Sekretariat!"

Sobald ich das gelesen hatte, wusste ich, dass sich in der knappen Anweisung ein archetypisches Wienerlied verbarg. Nun bin ich zwar gebürtiger Steirer, lebe aber schon seit 1990 in Wien, und ich spürte, dass dieses Lied von mir zur Welt gebracht werden wollte, und zwar sofort. Pauli war ein bisschen sauer, weil ich während unserer kleinen Wanderung vollkommen abgemeldet war und, in mich gekehrt, nicht einmal auf die geistreichsten Anreden reagierte. Hinterher aber hatte ich das Lied fertig, alle drei Strophen, inklusive der Gesangsmelodie und der Begleitakkorde. Ich musste es nur noch zu (Noten-) Papier bringen.

Jahre später durfte ich es im Rahmen des „Wienerlied-Festivals" im Wiener Rathaus vortragen, begleitet von keinem Geringeren als Roland Neuwirth an der Kontragitarre und Karl Hodina am Akkordeon – zweifellos einer der Höhepunkte meiner künstlerischen Karriere.

Der alte Toner

Der oide Toner muass ins Sekretariat.
Er is scho ganz verbraucht und nix mehr wert.
Der oide Toner tuat dara Sekretärin laad,
Doch wird er trotzdem in den Sondermüll geleert.
Der Zahn der Zeit, der kennt hoit leider kan Genierer.
Jetzt huckt ein frischer, junger Toner im Kopierer …
Das ist im Leben so und in der Moritat:
A oider Toner muass ins Sekretariat.

Der oide Toner denkt mit wehem Mut zurück.
Wie hat er früher mit dem Schriftverkehr gescherzt!
So viele weiße Blätter hat er, Stück für Stück
Ans Herz gedrückt und dann mit Freuden angeschwärzt.
Wie er noch jung war, tat nicht eines er verschonen.
Der oide Toner hört nicht auf, das zu betonen.

38

Jedoch verblichen ist die Farbe und das Glück.
Der oide Toner denkt mit wehem Mut zurück.

Das ist ein Lied, das einen tiefen Inhalt hat.
Wer nur ein wenig sich bemüht, kann ihn versteh'n.
Bedenke, Mensch, und tue dieses akkurat:
Wie es dem Toner geht, kann es auch dir ergeh'n.
Kurz bist ein Junger du, doch allzu bald ein Oida.
Do hüüft ka Xerox dir, ka Canon, ka Minoita.
Und wirst du nutzlos schließlich für den Apparat,
Dann heißt es: Ab mit dir ins Sekretariat!
Hallo!

Die Ballerina

Pünktlich um acht Uhr abends klopfte der Hotelpage an ihre Tür, weißer Handschuh auf schwerem Eichenholz: Pockpockpock, dann noch einmal, lauter: Pock! Pock! Pock!

„Ja doch!", rief sie. „Avanti, avanti!"

Im Spiegel sah sie, wie sich die innere gepolsterte Tür öffnete. Gustl, der Page, trat ein, wippte unsicher von einem Fuß auf den anderen, zupfte an seiner übertrieben betressten Uniform herum.

„Wie oft soll ich dir noch sagen, dass ich nicht taub bin?", knurrte sie ihn über die Schulter an. „Komm her, mach mir den Reißverschluss zu!"

Der Page trat linkisch näher, begann an ihrem Kleid zu nesteln. Plötzlich lachte sie laut auf.

Er zuckte zusammen: „Entschuldigung, ich ... Es klemmt ein bisschen ... Ich hab's gleich ..." Dann, übermäßig besorgt: „Ist das okay so?"

„Ja, ja. Passt schon!"

Ihre schmale Hand machte eine schnelle, wegwerfende Bewegung, klammerte sich wieder an der Kommode fest. Du meine Güte! Sollte sie ihm vielleicht gestehen, dass sie erst im letzten Moment den Impuls hatte unterdrücken können, ihre Hüften zu schwingen? Ihren Hintern sachte, ganz sachte, weich an seine bretthart gebügelte Uniformhose zu drücken? Für einen Augenblick hatte sie sich in einem anderen Spiegel gesehen, in einem anderen Hotelzimmer, gurrend, vornübergebeugt, wohlig erzitternd unter dem Ungestüm eines anderen Pagen ... der heute Gustls Großvater sein könnte ...

Verrückte alte Schachtel, schimpfte sie sich. Das wäre was gewesen, da hätten sie sich wieder das Maul zerreißen können hinter deinem Rücken!

„Ist dies das neue Kleid, das Sie bestellt haben, Miss Vanderbilt?", fragte Gustl.

Sie nickte unwillig, während sie den Sitz der Perücke überprüfte.

„Es ist sehr hübsch, ich meine, es steht Ihnen ausgezeichnet."

Ach, was war er für ein schlechter Lügner! In seinen Augen konnte sie überdeutlich sehen, was er wirklich dachte: So eine Verschwendung, extra ist dafür der teure, schwule Schneider aus Wien gekommen, und dabei hat sie in den letzten zehn Jahren kein einziges Mal das Hotel verlassen! Aber bitte, sie kann es sich leisten, die mumifizierte Diva. Sie zahlt ja auch seit Jahr und Tag den Tiefgaragenplatz für ihren Bentley und hat doch, weiß der Portier, nicht mal einen Führerschein ... Kann nicht mehr ohne Hilfe gehen, aber glaubst du, sie würde sich in einen Rollstuhl setzen oder wenigstens Krücken nehmen oder einen Stock? Ja nicht einmal denken!

Grimmig lächelnd ergriff sie ihn am Arm, trippelte an seiner Seite zur Tür, über den Gang, in den Lift. Durch die Hotelhalle, das hasste sie am meisten: ein Spießrutenlauf der Betulichkeit. Die Rezeptionistinnen, der Hausdiener, der blutjunge Direktor – alle grinsten zu ihr hin. Hilfsbereite Hyänen, die ihre Mäuler in mitleidsvoller Zeitlupe zu einer zähnebleckenden Freundlichkeit verzogen, so falsch wie der gemalte Marmor an den Wänden.

Im Restaurant wurde sie an den Oberkellner übergeben, zu dem sie eisern Fritz sagte, obwohl sie genau wusste, dass er Jürgen hieß; kindisch, gewiss, aber irgendwie befriedigend.

„Sie sehen heute wieder bezaubernd aus, Miss Vanderbilt!", flötete er, als er sie in ihrer Nische verstaut hatte.

„Und Sie noch versoffener als gewöhnlich", gab sie süßlich zurück: „Man kann die Adern in Ihrem Gesicht regelrecht beim Platzen beobachten."

Der Ober lachte heiter, während er ihr schwungvoll die Menükarte vorlegte. Er hörte nie, wenn sie so etwas sagte. Sein stures Gehirn weigerte sich, etwas anderes wahrzunehmen als ein paar sinnlose Silben in einem galanten Plauderton. „Zum Aperitif ein Glas Sherry, wie immer?"

„Nein", sagte sie.

Der Ober schnippte wichtigtuerisch mit den Fingern und schon hatte der Piccolo, der längst hinter der Säule bereitgestanden war, den Sherry vor sie hingestellt.

„Sie sind ein Kretin, Fritz!", lobte sie ihn.

Er verbeugte sich und schob ab, rückwärts gehend, strahlend vor Stolz wegen des kleinen Sieges über ihre Launen. Ein Etappensieg, den sie ihm gönnte, und dann doch wieder nicht. Sie schüttelte den Kopf, tat einen tiefen Seufzer, studierte lustlos die Karte. Essen! Überhaupt Stoffwechsel! Man quält es in sich hinein und später quält man es wieder aus sich heraus. Witzlos. Sie klappte die Karte zu.

Der Chef de Range, offenbar ein Neuer, ein riesiger Kerl mit Händen wie Abortdeckeln, schoss beflissen heran. „Sie haben gewählt, gnädige Frau?"

„Nein, Igor, ich wollte mir nur Luft zufächeln." Sie blickte unschuldig zu ihm hoch, klimperte mit den falschen Wimpern, bildete sich ein zu hören, wie es hinter seiner breiten Stirn klickte und klackte, rasselte und klapperte. Drei, zwei, eins, zählte sie im Geist herunter, und ... null!

Bingo, da war es auch schon, das verächtlich-höflich-keckernde „Ha-ha-ha! Verstehe. Sehr gut. Ja. Also, was darf's sein, bitte?"

„Ich nehme das Zweier-Menü, das mit dem Clubtoast.", sagte sie, unwillkürlich in dieselbe langsame, überdeutliche, die Konsonanten strapazierende Idiotensprechweise verfallend, wie sie dieses Bürschchen von Direktor benutzte, wenn er ihr die monatliche Rechnung legte. „Aber nur eine kleine Portion, eine halbe. Ohne Suppe, dafür geben Sie mir hinterher statt dem Biskuit einen Eisbecher. Das Steak wird mir sicher zu zäh sein, das lassen Sie weg und anstelle des schlaffen Toastbrots und der fetten Barbecue-Soße soll mir der Küchenchef einen Spinat passieren. Die Kartoffeln dazu dann natürlich nicht als Pommes Duchesse, sondern geröstet. Das Spiegelei bleibt. Haben Sie alles verstanden?"

Klick-klack, rassel-klapper. Herrlich!

Aber natürlich ging genau in diesem Moment der Oberkellner vorbei, der Spielverderber, zog den neuen Chef de Range am Ärmel weg und flüsterte ihm hastig etwas ins Ohr.

Sie konnte auf die Entfernung kein Wort verstehen, doch unzweifelhaft informierte er den Kollegen darüber, dass die überspannte Alte – übrigens eine ehemalige Primaballerina, eine „Miss" Vanderbilt, wohnt seit den frühen Sechzigerjahren im Haus! – heute Spinat mit Spiegelei bekommen würde, wie jeden Donnerstag, es stünde alles schon in der Küche für sie bereit. Kumpelhaftes Zwinkern, dann Ober- und Unterkellner gemeinsam Abgang links hinten.

Bäh!

Sie aß langsam, nicht weil daran etwas zu genießen gewesen wäre, sondern damit die Zeit bis zehn Uhr vergehen konnte. Dazwischen ließ sie sich, teils aus demselben Grund, doch mehr noch aus purer Bosheit, insgesamt dreimal vom Piccolo auf die Toilette führen. Beim letzten Mal gelang ihr zu ihrer eigenen Überraschung ein wirklich beeindruckender Furz, der das sommersprossige Gesicht des Kellnerlehrlings noch minutenlang bis zu den Ohren rot färbte. Schließlich, beim Dessert, hielt sie Igor, obwohl gerade fast alle Tische seiner Station gleichzeitig nach ihm brüllten, einen minutenlangen Vortrag darüber, warum es von äußerster Geschmacklosigkeit zeuge, wenn man vor dem Essen „Mahlzeit!" wünsche, mit ausführlichen Beispielen aus mindestens sieben Kulturkreisen ... Dann war es endlich, endlich 21 Uhr 59. Der Oberkellner geleitete sie hinaus und die Stufen zur Bar hinunter.

Als er die Flügeltür aufdrückte, fing die große Standuhr im Vorraum zu schlagen an. Im gleichen Moment wurde die Musik in der Bar leiser gedreht.

„Schneller, Fritz!", zischte sie ihrem Begleiter übermütig zu, „sonst ist mein Platz weg!"

Der Ober, spürbar froh, sie endlich los zu sein, hievte sie vorsichtig auf den Hocker in der Ecke. Sie drückte ihm das Trinkgeld, zwei gefaltete Scheine, in die feuchten Finger, nahm sein schleimiges, unterwürfiges Murmeln kaum mehr wahr, winkte ihn mit einer flüchtigen Bewegung weg, ohne sich nochmals zu ihm umzudrehen. Sie hatte nur noch Augen für die Hand, die das Whiskyglas mit dem „Rusty Nail" vor ihr abstellte, eine eigenartige Hand mit einem großen, quadratischen Handteller, aber sehr kurzen, geradezu zarten Fingern, und für den Mann hinter der Bar, zu dem diese Hand gehörte.

"Ich wünsche Ihnen einen schönen guten Abend, Georgette!", sagte der Mann. „Das Kleid ist übrigens noch hundertmal umwerfender, als Sie es mir beschrieben haben."

Sie horchte auf seine Stimme und glaubte ihm jedes Wort. „Auf einen besonders schönen Abend!", antwortete sie, hob langsam, fast feierlich das Glas: „Und auf dein Wohl, Sascha!"

*

Genau eine Stunde lang trank sie an dem Cocktail aus Scotch und Drambuie (wenig gerührt, zwei Eiswürfel, ein winziges, „gesqueeztes" Stück Zitronenschale). Punkt elf Uhr stand der nächste da, um Mitternacht ebenso auf die Sekunde genau wie um eins, der letzte um zwei, zur Sperrstunde. Sie hatte auch früher jede Nacht in der Bar getrunken, schon lange, bevor Sascha gekommen war. Aber seit er hier arbeitete (Drei Monate? Drei Jahre? Egal!), war es an seinen vier Tagen in der Woche nicht nur, damit sie schlafen konnte, ohne zu träumen.

Dabei sprachen sie selten viel miteinander. Entweder, weil die Bar zu voll war, oder weil sie einfach das gemeinsame Schweigen vorzogen. Immer saß sie kerzengerade. Immer ging sie, ohne zu schwanken, um halb drei, nachdem Sascha das Licht abgedreht hatte, an seinem Arm über all die Treppen bis zu ihrem Zimmer. Sie war eine geübte Trinkerin, sie vertrug viel, ungeachtet ihres schmächtigen, fast bis aufs Skelett zusammengeschrumpften Körpers. Nur ein einziges Mal hatte er sie hinaufgetragen, als sie eine leichte Grippe hatte und ihr nach dem vierten „Rusty" schlecht geworden war, vom Aspirin natürlich. War ihr das am nächsten Tag unangenehm gewesen! Sascha aber hatte es mit keinem Wort erwähnt. Spätestens seit damals war sie ihm mit Haut und Haar verfallen.

Wie immer donnerstags gingen die letzten anderen Gäste gegen eins. Nicht nur deshalb hatte sie den Donnerstag gewählt. Als die Standuhr die Stunde schlug und Sascha den „Rusty" servierte, umfasste sie sein Handgelenk. „Sascha", sagte sie leise, „du hast von morgen bis Sonntag frei, nicht wahr?"

Er wirkte nicht im Mindesten verwundert, zog auch seine Hand nicht zurück. „Aber das wissen Sie doch, Georgette. Warum fragen Sie?"

„Hast du für das Wochenende schon etwas vor?"

„Nun, eigentlich ja. Wieso?"

„Würdest du stattdessen mit mir nach Portofino fahren?"

„Nach Portofino?" Er lachte herzlich, sah ihr ins Gesicht, hörte zu lachen auf, weil er in ihren Augen las, wie ernst es ihr war. „Jetzt? Sofort?"

„Natürlich. Du kannst doch Auto fahren?"

„Nicht besonders gut, obwohl ich schon viel gefahren bin. Mit Ihrem Bentley?"

„Er war vor zehn Jahren beim Service. Also praktisch vorgestern."

„Nein, ich frage, weil ... ist das nicht ein englisches Modell?"

„Na und? In der Nacht ist sicher nicht viel los auf der Autobahn. Und in Italien fahre ich ohnehin selber."

Sie verstärkte den Druck ihrer Hand, machte ihm klar, dass sie nicht loslassen würde, bis er ja gesagt hatte.

Er schmunzelte, wiegte den Kopf ein paarmal hin und her, runzelte die Stirn, verdrehte die Augen, hob die Achseln. „Also sperren wir heute früher zu?"

„Ja!" Sie griff nach ihrer Börse.

Aber Sascha winkte ab: „Die gehen aufs Haus."

*

Und sie fuhren, fuhren durch die Nacht ...

Sie hatte gewusst, wie der Bentley riechen würde, nach Staub und Öl und Leder, und hatte ihr Parfüm darauf abgestimmt. Die Sitze knarzten, der Motor schnurrte. Sascha brauchte nicht lange zu singen, sie schlief nach wenigen Kilometern ein, tief in ihren Pelzmantel vergraben. Erst an der Grenze wachte sie wieder auf, im frühen Licht des Morgens, war sofort hellwach, hatte auch ihren Reisepass schnell bei der Hand. Befahl Sascha, am ersten Parkplatz nach der Grenze stehenzubleiben, scheuchte ihn vom Fahrersitz, fuhr wie der Teufel durch bis Portofino.

Sascha stellte keine Fragen. Bei den Tankstopps besorgte er irgendetwas für sich und irgendetwas für sie und es schmeckte jedes

Mal köstlich. Manchmal döste er ein wenig. Manchmal sang er leise, von tränenden Herzen und Monden des Glücks ... Vor dem Portal des Grand Hotels stellte sie den Bentley ab. Sie ließ sich huldvoll vom Portier beim Aussteigen helfen, wies den Hausdiener auf Italienisch an, ihr Gepäck aus dem Kofferraum zu nehmen, eine leichte Reisetasche und einen monströsen Schrankkoffer. An der Rezeption gab man ihnen die Schlüssel zu einer Suite mit Blick aufs Meer. Sie zahlte im Voraus, ohne mit der Wimper zu zucken oder gar zu feilschen.

An Saschas Arm betrat sie die Suite, einen kleinen Salon mit zwei Schlafzimmern und zwei getrennten Bädern. Nachdem der Hoteldiener das Gepäck abgeladen hatte, führte Sascha sie auf den Balkon, wo sie unter der gestreiften Markise wortlos, ja gedankenlos Arm in Arm stehen blieben, bis die Sonne im Meer versank.

Später kramte sie aus dem Schrankkoffer ein ledernes Reise-Necessaire hervor, das sie Sascha zuwarf. „Vielleicht sind die Rasierklingen nicht mehr die schärfsten", meinte sie, „aber es wird schon gehen."

Sie waren beide hundemüde, aber sie machten sich fein. Um Punkt zehn Uhr abends saßen sie beim ersten „Rusty Nail". Am Samstag nach dem Frühstück gingen sie einkaufen. Sie kaufte ein sündteures, knalloranges Ensemble für sich, das an ihr hing wie handsignierte Fetzen auf einer Vogelscheuche, und für Sascha einen weißen, taillierten Anzug und eines dieser furchtbar mondänen, schwarzen Hemden mit spitzem, langem Kragen, so lang wie ihr Unterarm. Sascha war die Karikatur des Filmstars mit dem Grübchen im Kinn, der mit einem Tanzfilm gerade Furore machte. Hinterher lachten sie sich fast zu Tode darüber, wie sie aussahen, und wie die Verkäufer verzweifelt bemüht gewesen waren, die Contenance zu wahren.

Am Nachmittag ließ sie sich von Sascha zur Villa Amalfi fahren, hieß ihn anläuten und im Wagen warten.

Eine junge Frau in der Kleidung eines Stubenmädchens holte sie ab und führte sie ins Haus. Sie brauchte den Notar nicht lange davon zu überzeugen, dass sie sich im Vollbesitz ihrer geistigen Kräfte befand. Nachdem sie die Geschäfte abgewickelt hatten, tratschten sie noch ein wenig. Der Dottore ließ es sich nicht nehmen, sie persönlich zum Bentley zurückzubringen, und schüttelte Sascha zum Abschied herzlich die Hand.

Während des Abendessens spürte sie, wie eine innere Unruhe langsam von ihr Besitz ergriff. Fast ein Lampenfieber, als stünde ein großer Auftritt bevor oder ein langersehntes Rendezvous. Zugleich schien ihr, als begänne Sascha sich Sorgen um sie zu machen. Um sie beide zu beruhigen, schlug sie einen Spaziergang vor. Die Nacht war lau, die Hafenpromenade hell erleuchtet von bunten Glühbirnen, Kaskaden von Girlanden, die bis zum Horizont reichten und darüber hinaus. Aber es zirpten keine Grillen. Dafür drang moderne Musik aus einer Art Tanzpalast; „Disco" sagte man heutzutage wohl dazu. Sie hing jetzt mit ihrem ganzen Gewicht auf Sascha. Die Stützstrümpfe brannten wie Feuer auf ihren Beinen.

Sie blieb stehen. „Sascha", flüsterte sie, „sag mir die Wahrheit: Bin ich verrückt?"

„Ja", antwortete Sascha, „ja, Sie sind verrückt. Sie sind die verrückteste Person, die mir je begegnet ist. Ich kannte eine Frau, die ihren Mann nicht sah, obwohl er einen Meter neben ihr stand, und einen Mann, der jedes Mal wenn er sein Café verlassen hatte, noch einmal zurück hinein raste, um ganz sicher zu sein, dass er wirklich nicht mehr drin an seinem Platz saß. Doch Sie sind noch hundertmal verrückter."

„Und Sascha, sag mir die Wahrheit: Bin ich alt?"

„Ja", antwortete Sascha mit ruhiger Stimme, „Sie sind alt, Georgette, sehr alt sogar."

„Und Sascha, Sascha, sag mir die Wahrheit: Bin ich auch … hässlich?"

„Nein", antwortete Sascha.

Sie atmete tief durch. „Dann", sagte sie, „wollen wir jetzt tanzen gehen."

Es lief „Wadda thinka daya do" von den „Black Beauties". Die Menschen von Portofino mussten sich sehr, sehr große Mühe geben, sie beide nicht anzustarren, als sie unter die rotierende Kristallkugel traten.

„Wir tanzen selbstverständlich Walzer", hauchte Georgette in Saschas Ohr, „und zwar Linkswalzer, wenn ich bitten darf!"

Und sie begannen zu tanzen.

Anfangs berührten ihre Füße den Boden nicht. Sascha hielt sie in seinen Armen wie ein kleines Kind und drehte sie im Kreis. Später jedoch, nach Stunden, wuchs sie. Ihre Beine wurden länger und länger, sehnig und kraftvoll. Sie fing an, sich mit den Zehenspitzen abzustoßen, dann die Ballen aufzusetzen, schließlich die Fersen.

„Georgette, Sie führen!", beschwerte sich Sascha.

Aber sie lachte nur und schrie: „Ich führe immer!"

Sie dirigierte ihn von der Tanzfläche herunter, durch das ganze Lokal, auf die Terrasse, auf deren gesprenkeltem Terrazzoboden sich der Vollmond spiegelte. Die Musik wurde leiser und immer leiser, und Sascha, der irgendwann zu singen begonnen hatte, sang lauter und immer lauter, während sie sich unablässig drehten, einszweidrei, einszweidrei, einszweidrei ...

Dann wurde die Nachtluft kühler und begann in ihren Lungen zu stechen. Da hörte sie einfach auf zu atmen, jedoch nicht zu tanzen. Eine winzige, haarfeine Faser riss in ihrer Brust, dann noch eine und noch eine, und eine wundervolle, hitzige Leere ging von diesem Punkt aus, verbreitete sich knisternd in ihrem Leib wie Sprünge auf einer Eisdecke. Wo die Leere hinkam, zerfiel ihr Fleisch zu Pulver, rann an ihr hinunter wie feinster Sand, wie Wölkchen von Puderzucker. Sie tanzte und tanzte. Ihre Finger fielen von ihr ab, ihre Ohren, ihre Hände und Füße, bis sie sich gänzlich aufgelöst hatte, bis nichts mehr von ihr übrig war als eine Staubfahne, die sich in einem unhörbaren Wind drehte und drehte, und überm Meer verwehte.

So war das.

Diese Geschichte beruht auf einer wahren Begebenheit. Der Barkeeper hat sie mir erzählt. Er hieß nicht Sascha, und sie nicht Georgette Vanderbilt. Aber das Auto war ein Bentley, und auch sonst stimmt einiges.

Wiedersehen mit Carlotta

Sie rannte ihn fast über den Haufen, vor der Telefonzelle im Café Eiles, und war immer noch ganz so, wie er sie von Graz her kannte: fröhlich verwirrt, ein Wiedehopf, ein Sonnenstrahl mit Sprechdurchfall – „Ewig nicht gesehen …"

Er freute sich. Lud sie zur Premiere ein paar Tage darauf; und nachdem die Ängste ausgestandenen waren, die Interviews vorbei, die Kollegen sich gratulierend (manche täuschend echt) verzogen hatten, blieben nur sie beide über und eine letzte Flasche Sekt. Die tranken sie, obwohl es erst April war, auf einer Bank in einem kleinen Park. Als dann am Himmel über dem dunkelbunt aufgeputzten Schornstein der Müllverbrennungsanlage eine Sternschnuppe fiel, mussten sie lachen: Sowas von romantisch!, und sich küssen; und hielten sich lang, fröhlich verwirrt, in ihren Armen, jung wie kaum zuvor.

Mit der ersten U-Bahn fuhren sie in seine Wohnung. Er ließ Wasser in die Badewanne. Die Kleider warfen sie auf einen Haufen, grinsten verschwörerisch dabei. Ihre Figur war so schockierend makellos, dass er seinen Bauch einzog, bis sie im Fichtennadelschaum versanken. Schwitzten. Plapperten: Auch sie sei schon das sechste Jahr in Wien, Akademie, Ausstellungen, Ankäufe, wer hätte ihr das, in Graz unten, zugetraut? Sie selber nicht! – Auch er war ehrlich. Dann, auf der Couch im Arbeitszimmer, schliefen sie, zögernd zärtlich, ziemlich miteinander und zusammen ein.

Dass sie schon weg war, als er nachmittags erwachte, wunderte ihn wenig. Er spielte seine Vorstellung; niemand holte ihn hinterher ab. Einige Tage später erinnerte er sich, dass sie kein Telefon, aber ihre Adresse im Theater hinterlassen hatte, zwecks Programmzusendung. Er gab ein Telegramm auf: „Fichtennadelkutter verschollen in der Postmoderne – Lotsin bitte melden!" Sie rief glücklich an.

Sie gingen ins Kino knutschen, dann in die schönste aller Konditoreien, die kleine „Aida" mit der roten Fünfzigerjahre-Einrichtung. Sie las ihm aus der Hand, glaubte anscheinend wirklich daran, war aber nicht böse, als er skeptisch blieb. Erzählte vom Besuch im Dachatelier des berühmten Malers H. gleich gegenüber, so viele Pflanzen, er selbst wäre allerdings ein wenig und so weiter …

Ein schräger Vogel ist sie schon, denkt er, aber sie erheitert mich, und sie ist Künstlerin, versteht mich vielleicht besser als die „Normalen" … Küsst sie auf die Fingerspitzen, als sie, im Redeschwall –: Freilich, ein Atelier im ersten Bezirk hätte sie auch gern, da wo sie jetzt wohnt, im fünfzehnten, ist alles bereits derartig von Ausländern überlaufen, „Türken und anderen Slawen", kein Zustand wäre das mehr, der bloße Anblick von den Kopftuchweibern täte ihr schon weh; sie war sich bereits bei der FPÖ beschweren, weil die auch nur reden und zuwenig tun dagegen. Man habe zugehört und sie vertröstet.

Jetzt sitzt er da, starrt auf den rot-weiß-rot gestreifte Strohhalm im Campari Soda, sagt nichts mehr. Er hält noch ihre Hand, die Haut, das Fleisch, die Knochen, alles unverändert, ganz, wie er sie gekannt hat, so fröhlich, so verwirrt, so …

Er ist zornig plötzlich und atmet flach, als wäre die Luft verpestet in der ganzen Stadt.

Das wird er lang noch haben: Reizhusten.

Keiner hat mich lieb

Ah, da sind Sie ja. Grüß Sie, nur herein ... Ziehen S' bitte die Schuhe aus und knotzen sich da auf die Couch, ganz gemütlich und entspannt, dann können wir gleich loslegen.

Der Herr Heinz-Christian, gell? – Sie kürzen lieber ab, weiß schon, auf HC.

HC, wie honoris causa ... Ob da nicht unterbewusst ein bissel der Wunsch nach einem Doktortitel durchklingt, hm? Aber über das haben wir ja bereits geplaudert.

Wo drückt denn heute der Schuh?

Sie haben alle Menschen furchtbar lieb, doch leider wird das nicht ausreichend erwidert. Im Gegenteil, man ist total gehässig zu Ihnen.

Na sowas ... Zum Beispiel die Sache mit dem Orden. Erst verspricht man Ihnen einen, und Sie hatten sich auch mit dem Kickl und dem Vilimsky schon ganz was Pfiffiges ausgehirnt, wie Sie diesen Orden am spektakulärsten *nicht* tragen werden – und dann heißt's auf einmal nein, alles zurück, nix is mit dem Ehrenzeichen! Bloß weil Sie am Korporiertenball in trauter Runde und in Gegenwart eines Journalisten gemeint haben, zu Ihnen, den Freiheitlichen Burschenschaftern, ist man heutzutage praktisch genauso schiach wie früher zu den Juden.

Hm. Nehme an, die Idee, dass dieser Vergleich einen neuen Spitzenwert auf Ihrer persönlichen, nach oben offenen Fettnäpfchen-Skala dargestellt hat, ist Ihnen noch nicht gekommen, oder? – Dachte ich mir.

Unter uns, ich frage mich seit Längerem, wieso Sie, Herr HC, und Ihre Gesinnungsfreunde so extrem wehleidig sind. Ich mein', groß beim Austeilen in alle Richtungen, eher Bihänder als feine Klinge – aber kaum werden Sie für irgendetwas kritisiert, heißt's sofort pfui, buh, mimimi, voll gemein, Menschenhatz, Schmutzkübelkampagne, linksfaschistischer Medienterror, und überhaupt wird geklagt, was das Zeug hält. Sehen Sie, wäre ich Psychiater und nicht bloß satirischer Lebensberater, ich würde glatt auf eine narzisstische Störung tippen. – Nein, „narrrzisstisch", bitte beruhigen Sie sich wieder! Tief durchatmen, Herr HC ...

Okay. Dieses Gefühl, ständig ungerecht behandelt zu werden. Piep piep piep, keiner hat mich lieb. Woher das kommen könnte?

Wenn Sie mich fragen: Weil unsere Altvorderen den Krieg verloren haben. Distanzieren können Sie sich nicht gut. Da müsstet ihr ja in euren Burschenschaftler-Buden die meisten Porträts von den Wänden nehmen. Geht nicht, von wegen Treue und so. Also hängt euch das Loser-Image nach, und da wird man natürlich dünnhäutig. Und hysterisiert jeden uralten Lautsprecher zu einer perfiden Abhöranlage hoch.

Freilich, und das ist dann wieder ein Bonus, sind Sie dadurch umso attraktiver für andere Loser. Zukurzgekommene, die eigene Fehler nicht einsehen wollen und die Schuld für ihre Misere lieber bei den anderen suchen. Die blicken auf zu Ihnen, für die sind Sie regelrecht ein Idol, ein Role Model, 'tschuldigung für die undeutschen Ausdrücke, sagen wir: ein Muster, ein regelrechter Prophet. Ja, wirklich! Jesaia auf Österreichisch, als Abkürzung von „**J**ammern, **E**inschenken, **S**ticheln, **A**ufhussen, **I**ntrigieren, **A**bstreiten". Kein Wunder, dass Ihnen die Mühseligen und Beladenen in Scharen nachlaufen.

No, schon geht's wieder besser, gell? Und falls Ihnen das ein zusätzlicher Trost ist: Auch der Koalitionspartner wird weiterhin zu Ihnen stehen. Schließlich klingt für ihn „national" allemal noch harmloser als „sozialistisch".

Schokofrühstück bei Oma

Huch, jetzt haben S' mich erwischt, bin noch am Frühstücken ... Ich mein', es ist Sonntag. Da darf man schon ein bissl später, und üppiger, gell?

Diesen Schoko-Nuss-Aufstrich mag ich ganz gern. Hab ihn nicht für mich gekauft, sondern für die Enkerl. Aber die kommen ja nur alle heiligen Zeiten, und dann nur zum Uhrschauen ... Obwohl sie sowas daheim nicht kriegen. Meine Tochter meint, es wär net g'sund. Ein Blödsinn. Man sieht doch jeden Tag im Fernsehen, dass sich unsere Fußballnationalmannschaft praktisch ausschließlich davon ernährt. Und seit die Werbung läuft, spielen sie viel besser! Speziell der nette Murl vom FC Bayern. Schon klar, bei dem schlägt das besonders gut an.

Ah, haben Sie gewusst, dass die Redensart, „Das Geld wächst auf den Bäumen", von der Tschoklad kommt? Ja, wirklich, hab ich wo gelesen! Die Kakaobohnen haben nämlich als Zahlungsmittel gedient, anno dazumal in Mexiko, bei den Olmeken und Azteken und Zapoteken. Ob nach denen die Apotheken benannt sind, könnt' ich jetzt aber nicht sagen ...

Später sind dann andere damit reich geworden. Die Familie, die den g'schmackigen Aufstrich erzeugt, ist die reichste in ganz Italien. No, sie werden's nicht mehr selber zusammenrühren, seit sie Multimilliardäre sind, aber ein Familienbetrieb bleibt's trotzdem.

Und stellen S' Ihnen vor, behauptet doch glatt meine Tochter, die einem ja immer alles vergällen will, in Malaysia würden riesige Urwaldflächen gerodet wegen dem Palmöl, das man für die Schokokrem braucht. Das hat sie von diesen Grinpis, oder wie die heißen. Erst kürzlich haben die deshalb mords einen Pallawatsch gemacht, die Grinpis, und der italienischen Familie außerdem vorgeworfen, auf den türkischen Haselnussplantagen und den Kakaoplantagen der Elfenbeinküste würden über eine halbe Million Kinder arbeiten, teils unter sklavereiähnlichen Bedingungen. Glauben Sie das? Hm?

Ich denk mir, ganz so schlimm wird's schon nicht sein. Die Grinpis, die bauschen immer alles so auf. Und grad dem besagten italienischen Familienbetrieb sind Kinder ein echtes Anliegen. Sonst würden's ja wohl nicht massenhaft verschiedenste Naschereien auf den Markt werfen, wo groß „Kinder" draufsteht. Ich mein', freilich, in Nussschoklad sind Nussen, in Erdbeerschoklad is Erdbeermarmelad, in Milchschoklad zumindest Milchpulver – warum sollt' in Kinderschoklad net auch gelegentlich Kinderarbeit stecken! Und wenn schon. Was ist denn groß dabei? Wir haben auch von klein auf mit anpacken müssen. Unter uns: Kommen sie wenigstens net auf blöde Ideen, die G'schrappen, wenn's ordentlich eingespannt sind.

Weil, Sie, ich trauert mich wetten: Diese Kinder besuchen ihre Großeltern öfter als zweimal im Jahr. Naja, wird bei uns auch wieder anders werden. Vielleicht erleb ich's ja noch.

Mögen S' auch ein Brot mit … dings?

Rad ab

Ja, hallo, ich bin der Ronny.

Danke, grüß euch. Äh, ich bin zum ersten Mal hier bei den A. A. …
Hihi, 'tschuldigung, aber das klingt ein bissl … also, bei den „Anony-
men Autofetischisten". Drum weiß ich noch nicht so genau, wie das
abläuft, aber der … Psychodings hat gesagt, ich soll total ehrlich sein
und es einfach rauslassen. Na schön.

H-hm. Ich hasse Radfahrer.

Ah, ich seh's euch an, das Gefühl kennt ihr, gell?

Gut, rein sportlich betrieben ist überhaupt nix gegen Radfahren
einzuwenden. Tour de France und so, da kriegst du sicher sehr in-
teressante psychische Zustände. Oder diese zwei Weltumradler, die
neulich im Radio waren. Auch okay. Immer noch besser, als Terro-
rist zu werden, weil einem fad im Schädel ist. Oder eine Kleinpartei
gründen, aber den Schwanz einziehen, bevor es wirklich ernst werden könnte. Wie der …, na der Baumkuschler. Weil er „Pilot seines
Lebens, nicht Passagier" sein wolle. Da frage ich mich schon, als was
er in den letzten Jahren gereist ist. Als Handgepäck?

Wurscht. Bekanntlich hat der Emil Jellinek, ein österreichischer
Autohändler, die von ihm verschnalzten Daimler-Fahrzeuge nach
seiner Tochter Mercedes benannt. Ein Glück, dass sie nicht Brun-
hilde geheißen hat.

Öhm … Wo war ich?

Radfahren, richtig. Wie gesagt, als Sport – von mir aus. Jeder, wie
er will. Oder im Gebirge, wo man auch mit dem SUV nicht mehr
hinkommt. Da ist ein Mountainbike allemal besser, als zu Fuß zu
gehen. Wenn man schon unbedingt hinauf in die dünne Luft muss.

Hingegen, in einer Stadt? Ich meine, ich bin nicht so übermäßig
historisch gebildet. Aber dass eine Stadt wie, sagen wir Wien, für
Autos gebaut worden ist, sieht ein Einäugiger ohne Führerschein.
Und der einzige Radler, der da was verloren hat, besteht aus Bier und
Limo.

Ich weiß, ihr traut's euch jetzt nicht klatschen, weil wir sollen ja dagegen ankämpfen, von wegen friedlicher Koexistenz im Verkehr. Aber unter uns: Radfahrer stinken. Oder haben Sie schon einmal einen mit Wunderbaum gesehen? Eben.

Und die Drahtesel – der Name sagt schon alles – nehmen auch wahnsinnig viel Platz weg! Zwei nebeneinander sind bitteschön schon fast so breit wie ein Auto. Oder diese Stellflächen, die überall wie die Schwammerl aus dem Boden schießen, für zwanzig oder dreißig oder vierzig Radln; da gehen jedesmal mindestens ein, wenn nicht zwei oder gar drei Parkplätze verloren! Aber wir ham's ja.

Ich hab einmal einen Kollegen getroffen, aus Utah. Ich weiß nicht, ob er Mormone ist, er hat bloß *eine* Frau dabeigehabt, aber der hat mir erzählt, sie haben dort nicht einmal Gehsteige, geschweige denn Radwege. Da hast du gar keine andere Wahl, als mit dem Pick-up zum WalMart zu fahren.

Überhaupt die Amis, die sind schon okay. Sie haben ja dieses Second Amendiment oder wie das heißt, ich bin jetzt nicht so übermäßig historisch gebildet; also dass jeder das Recht auf Waffenbesitz hat. Das finde ich sehr super.

Weil wissen S', was ich mir schon länger denk? So einen Zusatzartikel in der Verfassung, den braucherten wir auch. Nur, für die Autos. Freie Fahrt für freie Bürger! Für die Frau natürlich auch, wenn man sich einen kleinen Zweitwagen leisten kann. Ich hoff sehr auf den Hazeh und seine Burschen, dass die das einführen.

Dann muss nämlich auch niemand mehr in so eine, pardon, beschissene Selbsthilfegruppe, bloß weil er mit achtzig km/h und 1,8 Promille einen schwindligen Radlfahrer abgeschossen hat.

Äh.

Danke fürs Zuhören.

Tschicken

Liebe Freunde, lasst froh in die Zukunft uns blicken:
Dank uns dürft's no länger im Wirtshäusl tschicken!

Is' net scheen, dass die Uhren jetzt rückwärts ticken?
Hurra, ihr dürft's länger im Wirtshäusl tschicken!

Demnächst werd' ma den Kollektivvertrag kicken.
Aber ihr dürft's no länger im Wirtshäusl tschicken.

Bald hackelt's sechzig Wochenstunden in den Fabriken.
Dafür dürft's danach im Wirtshäusl tschicken.

Dass die Überstunden wegfall'n, wird den Chef sehr erquicken.
Und ihr dürft's jo eh im Wirtshäusl tschicken.

Daheim wird am Kühlschrank der Kuckuck picken.
Ein weiterer Grund, fest im Wirtshaus zu tschicken.

Die Konzernherren fahr'n an Profit ein, an dicken
(dank CETA). Und ihr dürft's im Wirtshäusl tschicken.

Bleibt die Heizung kalt, müsst's halt Pullover stricken.
Oder besser: Ihr geht's ins Wirtshäusl tschicken.

Die Frauen lernen wieder, alte Socken zu flicken.
Die Männer gehen derweil ins Wirtshäusl tschicken.

Polizei, Militär … Wen kann das schon zwicken?
Immerhin dürft's ihr im Wirtshäusl tschicken.

Und falls ihr das G'fühl kriegt's, dass sie euch f… ?
Ist doch wurscht! Hauptsach', weiter …

Führungspersönlichkeiten

Wie bereits erwähnt bin ich in Köflach aufgewachsen, hart an der Grenze zum Wallfahrtsort Maria Lankowitz. Wobei ich bis heute rätsle, was dieses „Lankowitz" bedeuten soll. Ich meine, Maria Zell und Maria Saal leuchten ein, auch Maria Taferl sowie das bekannte Kärntner Triptychon Maria Gail/Maria Faicht/Maria Elend.

Aber Maria Lankowitz?

Jedenfalls gab es dort eine Jugendbande, welche ihren Häuptling traditionell auf folgende Weise bestimmte: Alle Bandenmitglieder warfen gemeinsam einen schweren Stein senkrecht in die Höhe; sich am längsten drunter stehenbleiben traute, war der neue Häuptling. Ich habe selbst einmal teilgenommen, nicht gewonnen, aber hinterher den neuen Häuptling im Spital besucht. Und ich muss sagen: Nachdem er die Gehirnerschütterung auskuriert hatte, war er seinen Indianern viele Jahre lang ein guter und sehr beliebter Häuptling.

Bevor Sie jetzt über die Wilden im Schatten der Stubalpe schmunzeln, bedenken Sie bitte: *Dieser* Häuptling hat wenigstens bewiesen, dass er bereit ist, für seine Leute den Kopf hinzuhalten. Das ist mehr, als sich über manch andere Führungspersönlichkeit sagen lässt.

*

Mein Freund und Kompagnon Simon Pichler schlug weiland während der Arbeit an einem Kabarettprogramm vor, wir sollten uns des schönen alten Pygmalion-Motivs annehmen. Wie bei „My Fair Lady", wo aus der Blumenverkäuferin eine feine Dame wird. Nur dass wir in unserem Fall einen Straßenzeitungsverkäufer zum Spitzenmanager machen, quasi „upgraden".

Naja, lustige Idee, jedoch müsse man, habe ich reflexartig eingewandt, realistischerweise schon ins Kalkül ziehen, dass unter diesen Obdachlosen auch, ähem, irgendwie „schwierige" Personen sein können. Mit psychischen Störungen, Maniker oder Borderliner, die ein zweifelhaftes Sozialverhalten haben oder ein Drogenproblem ...

Worauf Kollege Pichler die Augenbrauen hochgezogen, mich angeschaut und gesagt hat: „Jo – *und*? Wo genau ist da der Unterschied?"

Mehreren aktuellen Studien zufolge treten nämlich sämtliche genannten Symptome in signifikant hohem Ausmaß primär bei Politikern sowie Spitzenmanagern auf, ganz besonders im Bereich der Finanzindustrie. Man könnte sogar meinen, sie seien geradezu Voraussetzung für eine diesbezügliche Karriere.

Ich gestehe, den Verdacht zu hegen, dass nicht wenige sogenannte Leistungsträger in Wahrheit „Dreist-uns-Leger" sind. Gut, dieser Schüttelreim ist nicht ganz lupenrein. Aber das trifft ja auf die angesprochenen Personen ebenfalls zu.

*

Zu den merk-würdigen Figuren meiner Jugendzeit zählte ein sowohl körperlich behinderter als auch, sagen wir mal: nicht übermäßig von Intellekt beeinträchtigter Mann, der einen tragbaren Plattenspieler samt etlicher populärer Singles besaß. Damit sorgte er bei Anlässen wie Sparvereinsauszahlungen oder Hochzeiten ärmerer Leute, die sich keine Live-Musiker leisten konnten, für billige Beschallung.

Wenn ich's recht bedenke, war er der mit großem Abstand erste DJ unseres Kulturkreises. Seinen Phillips-Mono-Turntable zierten rote Herzen, weshalb er im Volksmund nur „die Herzerlkapelle" hieß. Er war halt ein Original, ebenso belächelt wie beliebt.

Nun begab es sich, dass einer anderen Stütze des Köflacher Kunstschaffens, nämlich dem nicht gänzlich uneitlen Direktor der Musikschule, aufgrund seiner unzweifelhaften Verdienste ums Älterwerden der Titel „Professor h. c." zuerkannt worden war. Die Stammtischrunde, der mein Vater angehörte, beschloss daraufhin, sich einen Jux zu machen, verfertigte aus bunter Metallfolie einen riesigen Orden, fälschte (ziemlich schlecht) Brief und Siegel des Bundespräsidenten und sandte alles zusammen per Post dem Herzerl-Kapellmeister.

Fortan stolzierte dieser überglücklich mit dem Orden herum. Allseits wurde er mit „Herr Professor" angesprochen. Was ihn jedes Mal wieder freute, noch viele Jahre lang, bis an sein Lebensende.

Verräter oder Helden?

Vor geraumer Zeit lernte ich auf Kuba einen österreichischen Diplomaten kennen, der den hierzulande doch eher seltenen Vornamen Juri trug. Er erzählte mir, dass sein Vater im Zweiten Weltkrieg an der Front auf einen russischen Soldaten traf. Beide hätten schießen können, ja sollen, ja müssen. Sie verständigten sich jedoch darauf, dies zu unterlassen – und, sollten sie den Krieg überleben, ihren ersten Sohn nach dem jeweils anderen zu benennen. So kam der spätere Botschafter zum Namen Juri. Ob irgendwo in der Sowjetunion ein ungefähr gleichaltriger Heinrich existierte, hat er nie erfahren.

War sein Vater ein Verräter? Oder ein Held?

Definitiv ein Held war Vasili Alexandrovich Arkhipov. Am 27. Oktober 1962, während der Kubakrise, verweigerte er den Abschuss eines mit einem atomaren Zehn Kilotonnen-Sprengkopf bestückten Torpedos, obwohl sein U-Boot von US-amerikanischen Schiffen mit Wasserbomben angegriffen wurde und der sowjetische Kommandant, der wegen der Tauchtiefe keine Funkverbindung hatte, deshalb davon ausging, dass ein Krieg begonnen hätte. Dies war der wohl gefährlichste Moment in der bisherigen Geschichte der Menschheit. Dass Arkhipov sehr wahrscheinlich den Ausbruch eines weltweiten Atomkriegs verhindert hat, wurde übrigens erst 2002 im Rahmen einer Historikertagung in Havanna öffentlich bekannt. Vier Jahre davor war Arkhipov an Krebs gestorben, vermutlich die Folgewirkung eines Strahlungsunfalls, wegen der mangelhaften Abschirmungen. Ob ihm irgendwo auf der Welt, die er gerettet hat, ein Denkmal gesetzt wurde, konnte ich bis jetzt nicht herausfinden.

Österreich, genauer Wien, hat seit 2014 ein Denkmal, das Menschen Respekt erweist, die sich Befehlen widersetzten und eine eigene Entscheidung trafen. Primär ist es den Verfolgten der nationalsozialistischen Militärjustiz gewidmet. Ich bin mir aber ziemlich sicher, dass die mehr als 30 000 als Deserteure oder sogenannte „Wehrkraftzersetzer" Hingerichteten nichts dagegen hätten, wenn an der begehbaren Skulptur am Ballhausplatz, zwischen Bundeskanzleramt und Präsidentschaftskanzlei, auch Juris Vater, dessen russischen Gegenübers und nicht zuletzt Vasili Alexandrovich Arkhipovs gedacht wird.

Ihnen und allen anderen, die statt zweifelhaften Befehlen ihrem Gewissen folgten, sind wir und viele weitere Generationen zu Dank verpflichtet.

J'accuse le Jazz

Guten Tag, ich möchte bitte Anzeige erstatten. Nein, nicht gegen unbekannt, sondern gegen diesen, äh, Jazz. Ich möchte ihn verklagen, den Jazz. Weil er mein Leben verändert hat.

Sehen Sie, ich bin in einer Kleinstadt aufgewachsen, ganz normal, mit Heimatchor und Humtata, hab auch brav Ziehharmonika gelernt bei einer örtlichen Volksmusikkoryphäe, welche mich bewog, in der siebenten Klasse Gymnasium, vor die Wahl gestellt zwischen Bildnerischer und Musikerziehung, mich für die Musik zu entscheiden.

Damit nahm das Verhängnis seinen Lauf. Denn der Vertragslehrer, zu dem wir Professor sagten, spielte uns manchmal Jazz vor. Eh nichts wirklich Wildes, bloß Dixieland und Swing, Boogie-Woogie, ein bisschen Bebop. Aber der Keim war gepflanzt, und die böse Saat ging auf. Noch vor der Matura trat ich einem Kulturverein bei, der unter anderem Konzerte veranstaltete, und lernte die ersten Jazzmusiker auch privat kennen. Wenige Jahre später war ich Jazzkritiker der „Kleinen Zeitung".

Man rutscht in sowas ja wahnsinnig schnell rein … Und dass man es nie wieder los wird, bedenkt man im Überschwang der Jugend natürlich nicht.

Unlängst, als ich wegen einer Sonntagsglosse über mein Verhältnis zur Musik nachdachte, musste ich mit Entsetzen feststellen, dass ausnahmslos alle meine Freunde und guten Bekannten entweder regelmäßig Jazz hören oder sowieso selber Jazzmusiker sind. Anders ausgedrückt – ich gehöre einer sektiererischen Minderheit an! Von der Mehrheitsbevölkerung trennen uns noch eine Reihe weiterer Schrullen. Beispielsweise sind die Männer samt und sonders leidenschaftliche Köche und auch in sonstigen Haushaltsdingen firm, während fast alle Frauen akademische Titel führen und jedenfalls auf eigenen Beinen stehen. Alle engagieren sich in diversen sozialen oder kulturellen Initiativen, und so weiter und so fort – kurz, wir sind diese „linkslinken Gutmenschen", vor denen in der Presse so oft gewarnt wird!

Sie können mir glauben, die Erkenntnis war ein ganz schöner Schock. Man hält sich für völlig normal und kommt plötzlich drauf, dass man zu den gesellschaftlichen Außenseitern zählt.

Und das Furchtbare: Es führt kein Weg zurück! Was der Jazz, vor allem der avancierte – Coltrane, Mingus, Brötzmann, Lester Bowie, Cecil Taylor, die richtig harten Hämmer halt – was er in unseren Köpfen angerichtet hat, werden wir nie wieder los. Wer so viele verschiedene Klangfarben kennt, ist gegen Schwarz-Weiß-Malerei aller Art weitgehend immun, wenn nicht sogar allergisch.

Das macht das Leben viel komplizierter. Ich wäre so gern beschränkter, würde so gern Zuwanderung für gefährlich, den Sozialstaat für den Verursacher der Finanzkrise und einen Studienabbrecher mit Segelohren für die neue Lichtgestalt der österreichischen Politik halten. Aber keine Chance, dabei spielt mein Hirn nicht mit, und Schuld dran trägt der Jazz. Also nehmen Sie bitte meine Anzeige auf, Herr Inspektor. Vielen Dank.

Äh ... Nein, Jazz schreibt man nicht mit T und Sch.

Das Schimpfwort

Wie bitte? Moment. Was haben Sie gsagt? Wiederholen S' das!
„Gutmensch?"
Sie, ich werd Ihnen einmal was erzählen über Gutmenschen. Unlängst, vermutlich das letzte schöne Herbstwochenende. Wie geschaffen für einen krönenden Abschluss der Grillsaison. Mit der Familie. Also, die Kinder nicht, die … ham schon was ausgemacht gehabt. Egal. Aber die Frau, die hat einen Eins-a-Erdäpfelsalat gemacht, drei verschiedene Soßen, und ich das Fleisch. Klare Sache, oder? Ich sag immer, Grillen ist wie Einparken. Das hat man im, dings, Gromosom, oder eben nicht.

Jedenfalls waren auch Gäste da. Von meiner Firma … dann doch niemand; plötzlich erkrankt. Es geht ja grad wieder was um. Aber eine Bekannte von der Frau, aus dem Bauch-Bein-Po-Kurs, mit ihrem, ich weiß jetzt nicht, Mann oder Freund, ist mir auch egal, ich bin da total tolerant. Ring hat er keinen gehabt am Finger. Ich frag, Kotelett oder Beiried, oder für den Anfang a Würstel?

Sagt er …

Sie schmunzeln. Sie wissen, was kommt, gell?

Genau. So einer. Ob ich nicht für ihn ein Gemüse auflegen könnte, oder vielleicht einen, dings, na das weiße Quietschzeugs. Drauf ich, Käse ist in der Krainer. Und mit einem saftelnden Zucchini oder so was verpatz ich mir sicher nicht den Rost und die Glut. Wo samma.

Das war's. Aus die Maus.

Er hat dann im Salat herumgestierlt und praktisch nix mehr geredet. Aber ich hab genau gewusst, was er sich denkt. Der personifizierte Vorwurf. Man hat's ihm vom Gesicht ablesen können. Massentierhaltung, Antibiotika, Hunger in Afrika, das volle Programm. Und bei ihr: das Gleiche in grün. Wie ich nur kurz was fallengelassen habe über die undankbaren Asylanten und dass sie uns den Nikolo verbieten wollen, aber dafür Koranschulen hinbauen, hat sie nicht widersprochen. So schlau war sie. Aber wenn Blicke töten könnten …!

Sogar wie meine Frau ablenken wollte und erzählt hat, dass wir zwei Wochen all-inclusive gebucht haben in Dubai, eh auch fremde Kultur, super Angebot, hams uns angeschaut, als wären *wir* schuld, dass dort die Gastarbeiter noch wirklich was hackeln müssen.

Sehen Sie, *das* sind Gutmenschen. Die anderen ein schlechtes Gewissen machen und ihnen vorschreiben wollen, wie sie zu leben haben. Die einem aber auch alles vergällen, vom Urlaub über die traditionellen Werte und die Bundeshymne bis hin zum Lungenbraten.

Ah, was reg ich mich auf! Schade um die Zeit.

Nur eins noch. Ich bin ein Mann des Dialogs. Am Stammtisch zum Beispiel, falls nicht grad alle wegmüssen, wenn ich komm. Ich kann austeilen – oh ja –, bin aber sehr wohl bereit, ab und an etwas einzustecken. Man hat mir schon mehrmals den Vogel gezeigt; auch der Mittelfinger ist mir nicht unbekannt. Geschenkt. Wenn man mich Trottel schimpft, da lache ich nur.

Aber Gutmensch –!

Sie, das können S' mir glauben: Auf die Idee, *mich* Gutmensch zu nennen, ist wirklich noch keiner gekommen.

wos e ima sog

es is a wonsin
na sama se ehrlich
wos e ima sog
i maan waast wos e maan?
des derf do net wohr sein
wos e ima sog
vasteh ma se richtig
sei ma net bees
des poxd jo net
wos e ima sog

und waast wos des ärgste is?
weu do konst du gift drauf nema
wos e ima sog
seit menschengedenken und nua so
na do geht da do s gimpfte auf
wos e ima sog
owa soens as probian bitte
wern scho seng
wos e ima sog
und jetzt kumts

stö da vua –
afoch so.
na gibz des?
i maan do brauch ma nimma redn oda?
und donn wie wonn nix gwesn warat:
was ich immer sage
geh ihr kennts me doch olle
ihr kennts me guat
wos e ima sog
owa glaabst auf mi huacht wer?

e sog da wia s is
weu so is aa net
und i wüü a goa nix xogt hom
sunst haasts nua wieda
wos ER ima sogt
naa naa
do sog e liaba
sog ma es woa nix
und do konst me zitiern wonst de traust
weu des glaubt da kana
e sog da fagises
wos e ima ima ima wieda monxmoe mehrfoch täglich so-o-og

bitt dich jetz schau net so woa s do net gmaant
oida

Als der Kasperl Amok lief

Als der Kasperl Amok lief, aß er vorher sehr viel rohes Beef,
Denn er hatte wo gelesen, rohes Beef macht aggressiv.
Als der Kasperl Amok lief, schrieb er einen langen Abschiedsbrief,
Detailliertest explizierend Vorgangsweise und Motiv.
Rief: „Krawuzi – Kapuzi!" Lud die Pumpgun und die Uzi.
Auch das Sturmgewehr richtete er sich her.
Fröhlich schwenkend seine Mütze, sprach er:
„Ich hab zwar als Schütze
Keine Reputation, aber viel Munition."

Kasperls allererstes Ziel war natürlich gleich das Krokodil,
Weil senil es und debil und ihm schon ziemlich lästig fiel.
Etwa zwei-, dreihundert Schuss gab ihm unser Kasperl mit Genuss,

Weil man, was man angefangen hat, auch fertig machen muss.
Dann ging's weiter zum Kotzbrocken Räuber Hotzenplotz,
Der mit Tri-tra-trallala alsbald weggeballert war.
Da kein Zaubersprüch'l er hatte gegen Kasperls Handgranate,
War der Zauberer Tintifax ebenfalls nur ein Klacks.

Jetzt kommt Kasperlhausen dran!
Erst der dumme Schutzmann, und sodann
Kasperls Oma, deren Gugelhupf er nicht mehr sehen kann.
Mit dem Bajonettel trennt er danach der Gretel Kopf und Händ'
Ab dafür, dass die alte Schlampe heimlich mit dem Pezi pennt.
Fürs komplette Königsschloss braucht er zwei Minuten bloß.
Aus dem Strolchi wird Tschappi fabriziert.
Auch der Seppel und sein spezieller Busenfreund, der Pezi
Und nicht zuletzt Herr Habakuk reden nie wieder z'ruck.

Kasperl ist ganz voller Blut. Irgendwie fühlt er sich richtig gut,
Zumal seit langem auch die Einschaltquote wieder steigen tut.
Die vom Sender flippen weg, gratulieren Kasperl zum Comeback:
„Und nächste Folge kriegt's die Heidi mit dem Chirurgiebesteck!"
Maya, Willi und Flip buchen ihren letzten Trip
Mit Tipsy, Lala, Bo und Tinky-Winky. – So
Stürmt der gute alte Zipfelmützenkasperl wieder Gipfel,
Und fragt Enkerl und Opapa: „Kinder, seid ihr alle …?"

[Scheibenwischer-Geste]

Der Schock

Eines der prägendsten Erlebnisse meiner Jugendzeit war, als im Fernsehen der erste von vier Teilen einer Serie mit einer (damals noch weitgehend unbekannten) Darstellerin namens Meryl Streep ausgestrahlt wurde.

Wir hatten es uns, wie abends üblich, in der Küche bequem gemacht. Der Vater lag auf der Bettbank, die Mutter daneben in einem gepolsterten Campingstuhl. Ich saß am Tisch, die Beine auf einen freien Sessel gelegt. Gemütlichkeit, familiäre Eintracht. Und dann kam … „Holocaust". Bilder, die mich bis heute in Alpträumen verfolgen. Bilder und Darstellungen, von deren Authentizität ich mich später vergewissert habe, unter anderem bei Besuchen der Originalschauplätze und nach vielen weiteren Recherchen.

Aber damals, wie gesagt, war ich ganz und gar unvorbereitet. Niemand hatte mir gegenüber jemals die Gräuel der Nazizeit thematisiert, weder meine Schullehrer noch meine Eltern.

Wir lümmelten da, in unseren von der Oma maßgeschneiderten Seidenbarchent-Pyjamas, Vater-Mutter-Kind, und sahen, was entmenschlichte, monströs verkümmerte Wesen anderen Menschen antun konnten. Angetan hatten. Vor noch gar nicht so langer Zeit. Nicht auf fernen, kannibalischen Inseln, sondern in unserem eigenen Land.

Ich sprach, was mir durch den Kopf schoss, nicht aus: „Ihr wart dabei!" – Schaute nur zum Vater, zur Mutter, die meinem Blick auswichen, die Köpfe senkten. Als wollten sie sich verstecken wie kleine Kinder, die glauben, unsichtbar zu werden, wenn sie die Augen verschließen; vor ihrer Mitschuld.

Von ihnen, den Mitläufern, lernte ich in diesem schockierenden Moment, war keine Antwort zu erwarten. Der Vater war als Bergarbeiter vom Kriegsdienst freigestellt gewesen. Als der Krieg endgültig verloren war und die russischen Truppen kurz vor Köflach standen, hatte er seinen SA-Ausweis in einem der umliegenden Schlämmteiche versenkt. Die Mutter trauerte (wie auch die Oma) immer noch den irrealen und deshalb niemals eingelösten, weil schlichtweg nicht einlösbaren Versprechungen der klerikalfaschistischen, bäuerlichen Scheinidylle eines Ständestaats nach. „Wenn sie den Dolllfuß, und den Schuschnigg, nur hätten machen lassen …"

Da saßen wir also, Vater, Mutter und Kind in den Pyjamas. Ich blickte vom einen zur anderen. Die Frage, die mir auf der Zunge lag: „Hättet ihr das verhindern können? Dieses unfassbare Unheil?"

Diese Frage sprach ich nicht aus. Lange herrschte betretene Stille in der Wohnküche der Familie Lukas, 8580 Köflach, Sportplatzstraße 2. Dann gingen wir zu Bett.

Ich, auf meiner ausgeklappten, mit handbestickter Wäsche bezogenen Couch im Wohnzimmer, konnte lange nicht einschlafen. Niemals, schwor ich mir damals, würde ich ebenso blind wie meine Eltern eine solche Barbarei erdulden.

*

Jahre später spielte ich, im Rahmen einer ausgedehnten Tournee, in einem etwas abgelegenen oberösterreichischen Schloss. Der Auftritt verlief ein wenig seltsam, denn in den ersten Reihen saßen körperlich wie auch geistig gehandicapte Menschen. Sie reagierten auf manches, was auf der Bühne geschah, anders als ein übliches Kabarettpublikum. Das irritierte mich anfänglich ganz schön. Während der Vorstellung kam ich aber immer besser damit zurecht, und schlussendlich war es ein recht normaler, eh netter Abend.

Einige Tage später läutete frühmorgens – also um etwa halb elf – mein Telefon. Ich hob ab. Schlaftrunken, wie ich war, verstand ich den Namen des Anrufers nicht, sehr wohl aber, was er mich fragte: „Weißt du eigentlich, wo du letztes Wochenende gespielt hast?"

Hartheim

Die Blätter glühn wie rotes Gold. Die Luft ist würzig.
Das ist der wunderbare Herbst von `41.
Die Bauern vespern auf dem Feld. Sie trinken Most.
Das Ackerland ist wohlbestellt. Sie rufen: „Prost!"
Und mitten zwischen vollen Feldern drin
Liegt eine graue Burg. Nein, schau nicht hin!
Und frag nicht, was geschieht da in
Schloss Hartheim, Schloss Hartheim.

Des Morgens kommen Busse, weiß mit blinden Fenstern.
Kurz hört man Stimmen, hoch und leis, wie von Gespenstern.
Des Abends schiebt sich schwarz und schwer
Rauch aus dem Schornstein.
Die Bäurin schlägt das Kreuz: Jetzt wern's in Himmel gfohrn sein.
Auf Leiterwagen in der Nacht
Wird eine bleiche weiße Fracht
Zum Donauufer weggebracht
Aus Hartheim, aus Hartheim.

Es hat ja keiner was gewusst. Vom Dorf ein Mädel
Fand in der Au, im schwarzen Ruß, den weißen Schädel.
Ihr Bruder hat ihn ganz geschwind im Wald vergraben.
Vom Schloss her stank der Winterwind den ganzen Abend.
Der Vater sagte: Wehe, wenn
Du folgst nicht brav und isst nicht schön,
Dann musst du durch den Schornstein gehen
In Hartheim, in Hartheim.

Es wusste jeder viel zu viel. Man hörte singen
Und Lachen, manchmal Flötenspiel und Gläserklingen.
Hörst du, jetzt feiern sie. Jaja, die werden schmausen.
Wahrscheinlich sind Kollegen da, weißt, aus Mauthausen.
Der Doktor trägt Etüden vor.
Dann grölen Zoten sie im Chor.
Und vom Kamin steigt's schwarz empor
Aus Hartheim, aus Hartheim.

Das Lied der Flöte hatte dreißigtausend Strophen.
Es ging für jede davon einer in den Ofen:
Idioten, Krüppel, Spastiker und Abnormale,
Unnütze Esser, Nestbeschmutzer, sonstwie Asoziale.
Und jeder, jeder von den siebzig Mann
Hat all die Zeit nur seine Pflicht getan,
Kam nie in Seelennöte.
Der Marschbefehl hieß: Töte!
Der Doktor spielte Flöte …

Von manchem Zahn das Gold, manch silbernes Geschmeide
Trägt heute manche Enkelin zum Abendkleide.
Der Doktor, jener Doktor, der den Gashahn drehte
War noch Jahrzehnte Arzt in Deutschland und spielte Flöte.
Nie trat er je vor ein Gericht.
Nie kannte Not er und Verzicht.
Die Ärzte braucht man, doch die Krüppel nicht
Von Hartheim, von Hartheim.

Es sind die gleichen Felder noch, die gleichen Bauern.
Es ist derselbe Innenhof. Dieselben Mauern.
Nur links am Eingang, grau in grau, hängt eine Tafel.
Einmal im Jahr gedenkt man hier, mit viel Geschwafel.
Das reicht, das ist vorbei, jetzt gebt doch endlich Ruh!
In Villach rief es mir ein Burschenschaftler zu:
„Wart, G'störter, balde schweigst auch du –!"

Dieses Lied habe ich 1993 geschrieben und dann oft gespielt, übrigens auch bei einem zweiten Auftritt in Hartheim. 1997 fasste das Land Oberösterreich den Beschluss, das Schloss zu einem Lern- und Gedenkort zu machen, was 2003 mit der Eröffnung der Ausstellung „Wert des Lebens" verwirklicht wurde.

Beben

Es ist was im Gang, liebe Leute. Quasi tektonische Verschiebungen. Ich spüre, wie es droht, mir die Füße wegzuziehen. Die Erde, der Grund, die Basis rumort.

Was ich aber nicht verstehe, ist: Warum?

Nach allen glaubwürdigen Prognosen sollten sich die wesentlichen Sorgen unserer Gattung auf diesem Planeten so gut wie erledigt haben. Roboter nehmen uns demnächst jegliche Arbeiten ab, die niemand gern ausführt. Dadurch sind wir frei, die wahren, dringlichen Bedrohungen zu bewältigen, als da wären Erderwärmung, sonstige Umweltverschmutzung, ungelöste Endlager-Probleme, usw.

Geht schon. Forschung halt. Wissenschaft, angewendet nach den strengsten Kriterien, die wir, „Homo sapiens sapiens", im Verlauf unseres relativ kurzen Erdendaseins entwickelt haben. Mit großer Mühe und spärlichem Erfolg. Trotzdem waren wir, glaube ich, auf dem richtigen Weg.

Hatte ich gedacht. Bis vor kurzem.

Aber nein: Stattdessen scheinen wir zurück in tiefste Vorzeiten zu taumeln. Das (ursprünglich hellenistische) Gebot der Nächstenliebe, auf dem der Apostel Paulus & Co. den ersten weltumspannenden Konzern der Menschheitsgeschichte errichtet haben – wurscht. Gerade die Vertreter jener Parteien, die das „Christliche" im Namen führen oder sich auf diese Tradition berufen, wetteifern mit den Neofaschisten in punkto Gnadenlosigkeit.

Warum?

Die goldene Regel sowohl der altjüdischen als auch der frühchristlichen Ethik – „Was du nicht willst, das man dir tu', das füge keinem anderen zu" – wird überwuchert, überschleimt, übersabbert von kleinlichen, billigen Animositäten. Desgleichen verwittert Immanuel Kants kategorischer Imperativ, ein Meilenstein der menschlichen Philosophiegeschichte.

Warum?

Und so weiter. Ockhams Rasiermesser: stumpf, in den Müll geworfen. Lieber glauben die Nachfahren von echten Rebellen (welche für die Erkenntnisse ihres Intellekts und, ihrem Gewissen folgend, durch schlimmste Foltern und nicht selten in den Tod gegangen sind) an Chemtrails. Oder an verderbliche Strichcodes oder umgekehrt an die heilsame Wirkung von Homöopathie, Schüssler-Salzen, Bach-Blütenextrakten und Grander-Wasser*. Sogar der kruden Theorie, die Erde wäre in Wahrheit doch flach, folgen wieder mehr und mehr Anhänger.

Warum? Ich kapier's nicht. Selbst wenn ich mich in die wüstesten Verschwörungstheorien stürze, finde ich keine Antwort.

*

Klar, früher benötigten die Herrschenden noch Sklaven. Leibeigene. In prekären Umständen Lebende, von Almosen Abhängige, die für sie die Drecksarbeit erledigten.

Jedoch wird das schon bald Geschichte gewesen sein. Computer und Kybernetik, anybody? Längst besitzen wir das Wissen und die Technologie, um die Schatten der Vergangenheit hinweg zu leuchten. Wir könnten bereits jetzt die Gesamtheit der Menschen auf diesem Planeten ernähren. Mehr noch als sättigen: Sie von Kindesbeinen an in den grundlegenden sozialen Fertigkeiten schulen und auf den aktuellen Stand unserer kollektiven Weisheit bringen. Alle, wirklich alle! Jeder Einzelne kann zu einem selbstbewussten, fröhlichen, lustvollen Individuum werden.

Was oder wer hindert uns daran?

Irgendwelche Geheimgesellschaften? Weshalb denn? Sollte es tatsächlich solche klandestinen, übergeordneten Strukturen geben, würden sich deren maßgebliche Führungspersönlichkeiten garantiert nicht ins eigene Fleisch schneiden, indem sie uns und zugleich sich selbst der Lebensgrundlagen berauben. Oder doch?

*

---

* Es stimmt, dass Wasser ein Informationsträger sein kann: Wenn nämlich jemand eine Flaschenpost hineinwirft.

Als kleines Kind habe ich schon erlebt, dass es ziemlich anstrengend sein kann, mit gewissen Typen in derselben Siedlung leben zu müssen. Vor den Krampussen z. B. hatte ich erst wirklich Angst, nachdem ich draufgekommen war, dass unter den Teufelsmasken und Zottelfellen die älteren Nachbarsbuben steckten.

Mittlerweile hat sich mein Horizont erweitert. Jetzt wohne ich im „globalen Dorf". Das Grundproblem ist dasselbe geblieben. Die gemeingefährlichen Trotteln wurden nicht weniger. Nach wie vor sind sie in der Überzahl – scheinbar, weil meistens lauter.

Andererseits – und das muss ich mir immer wieder zu Bewusstsein rufen, wenn ich schaudernd manche Facebook-Postings lese – verdanke ich der Vervielfältigung unserer Kommunikationsmöglichkeiten zumindest flüchtige Kontakte zu Menschen, die ich sonst nie kennengelernt oder längst aus dem Sinn verloren hätte. Ich kann mich mit tollen Persönlichkeiten austauschen! Und sie verzeihen mir, falls ich mal argumentativ arg daneben greife oder, wie im Folgenden, Gefahr laufe, ins Sentimentale abzugleiten.

Zum überwiegenden Großteil sind das, seid IHR die Leute, mit denen ich sofort ein Raumschiff besteigen würde, um zu den Sternen zu fliegen. Um einen fernen jungfräulichen Planeten zu besiedeln. Um die Fundamente für eine neue, bessere Gesellschaft zu legen.

Okay, das wird's so bald nicht spielen. Mit dem Überlicht-Antrieb geht nix weiter. Während jeden Tag immer noch raffiniertere Instrumente für die Vergrößerung der Finanzvermögen einer winzigen Minderheit entwickelt werden … Viele der klügsten Köpfe unserer Zeit lassen sich davon verführen und in Beschlag nehmen. Heutzutage würde ein junger Albert Einstein vermutlich nicht in einem Schweizer Patentamt arbeiten, sondern sich spätestens mit 22 in der City of London jegliche Empathie weggekokst haben.

Also, das mit dem Aufbruch ins All vergessen wir besser erst mal.

Freilich haben wir weiterhin die gute, alte Erde. Sie ist ziemlich verschlissen, vergilbt, versifft, ungleich weniger attraktiv als die Vision eines totalen Neubeginns. Wir haben ihr übel zugesetzt und sind relativ unverschämt dabei, sie in vielen vitalen Parametern zu überfordern. Schwächung der Ozonschicht, Verseuchung der Ozeane, kaum verminderte, vielmehr eben wieder im Steigen begriffene Anhäufung nuklearer Bedrohungen …

Trotzdem sind das bis jetzt Peanuts. Der Planet, auf dem wir leben, kann auch ohne uns. Sowieso ist nicht gesagt, ob ihm nicht eine Zivilisation aus hauptsächlich nahezu unverwüstlichen, strunzdummen Kakerlaken und scheuen, erstaunlich intelligenten Tiefsee-Oktopussen besser bekäme.

*

Bis dahin jedoch, liebe Leute, vertrete ich die Sache der Menschheit. Und die gibt es nicht ohne Menschlichkeit. Nicht ohne Humanismus. Nicht ohne Mitgefühl für jede Kreatur.

Vielleicht hülfe es, sich vorzustellen, wir befänden uns in einem Raumschiff, das irgendwann irgendwo gestartet und sehr, sehr lange unterwegs ist, durch ein sehr, sehr leeres Weltall. Unser Raumschiff ist annähernd kugelförmig und sehr, sehr klein, verglichen mit den Dimensionen der kosmischen Umgebung. Es durchmisst gerade einmal 12 700 Kilometer, wobei nur die Oberfläche bewohnbar ist. Deshalb tummeln sich darauf bloß etwa acht Milliarden Exemplare unserer Gattung.

Angesichts dieser Relationen, finde ich, sollten wir einander hegen und pflegen, jeden Morgen, Mittag und Abend zu unserer Existenz beglückwünschen … Und uns beschenken, lieben und herzen, wann immer zwei oder mehr von uns zusammentreffen.

Diese Verhaltensweise ist uns grundgelegt und genetisch eingeschweißt. Sonst wären wir, als eigentlich schwächliche, extrem verletzliche Gattung, nie so weit gekommen. Aber irgendwie scheinen wir bedenklich viel davon verlernt zu haben.

*

Warum?

Ich weiß keine Antwort. Außer, dass wir solche Trotteln wären, die unbedingt unseren hübschen, kurzzeitig malträtierten Planeten nach vergleichsweise wenigen Generationen wieder an die Kakerlaken und Oktopusse zurückgeben wollen.

Aber das glaube ich nicht.

Allerdings tendiere ich dazu, die zweifellos üblen zeitgenössischen Phänomene als eine Art Rückzugsgefecht zu interpretieren. „Retro", im schlimmsten Wortsinn. Das Pendel schwingt gerade in die Gegenrichtung, sehr heftig. Gleichwohl, das werden wir auch noch aushalten.

Orban, Kaczyński, Trump und der armselige, österreichische Abklatsch – sie alle appellieren an Pseudo-Traditionen. Eine Weile werden sie sicherlich noch punktuelle Erfolge feiern damit, eine glorifizierte Vergangenheit zu beschwören (zu der Ihresgleichen kaum jemals etwas Konstruktives beigetragen hat). Sie werden versuchen, sich an der Macht zu halten, indem sie kritische Stimmen einschüchtern, Tatsachen verfälschen, primitivste Reflexe ihrer Gefolgschaft ansprechen und Ängste, die sie selbst erweckt haben, mit allen Mitteln weiter anheizen.

Na schön, sollen sie.

Mich beeindruckt das nicht. Im Gegenteil, es spornt mich an. Was diese Gestalten verbreiten, ist nichts als grauslich stinkender Dreck von gestern. Das geht vorüber. Auch wenn sehr, sehr viele heute und wohl auch morgen noch darunter leiden.

Übermorgen jedoch …

Nichts gegen Kakerlaken und Oktopusse, nicht persönlich – aber ich hätte gern, dass meine drei Kinder, und die Kinder meiner drei engsten Freundinnen und Freunde, und die Kinder der drei größten Arschlöcher, die mir jemals begegnet sind, und überhaupt alle Kinder dieser Erde, in Frieden zusammenleben. Damit sie Muße haben, sich und die Welt und, was sich außerhalb befindet, zu erforschen. Damit Zeit und Energie und Hirnschmalz endlich auf die wirklich wesentlichen Disziplinen verwendet werden. Damit wir, die Menschheit, irgendwann doch zu den Sternen reisen können. Sollten wir das nicht schaffen, wird es um uns nicht schade gewesen sein.

Vor uns, liebe Leute, vor uns und unseren Kindern liegt die Zukunft. Unaufhaltsam. So, oder so.

Ned ima unbedingt

Als ich noch ein Bub war, hab ich mit der Mutter
Manche schöne Stunde auf dem Markte zugebracht.
Beim Tomatenstandel nahm sie mich am Handel
Und raunte mir ins Ohr: Mein Kind, gib acht!

Es san ned ima unbedingt die Bestn ganz obm,
Es san ned ima die Bestn, die den bestn Plotz hobm.
Es wird gor net so sölten, sondern ziemlich oft
Des greßte Graffl extra weiter viere gschobm.

Wenn ich heut mir im TV manche Leute anschau,
Spitzen der Gesellschaft behaupten sie zu sein,
Hebt es mir den Magen, und aus alten Tagen
Falln mir Mutters Worte wieder ein:

Es san ned ima unbedingt …

Die billigste Nummer

Es gibt dieses Klischee, Unterhaltungskünstler wären privat sehr ernste, melancholische Menschen. Auf mich und so gut wie alle Kolleginnen und Kollegen, die ich persönlich kenne, trifft das nicht zu. Sicher entsteht die Satire nicht selten aus dem Blues. Wenn ich an der Welt leide und kurz- bis mittelfristig wenig Chancen sehe, sie zu verbessern, kann ich vor lauter Frust versuchen, sie oder zumindest Teile davon, beispielsweise mich, zu zerstören. Das muss nicht sofort passieren. Selbstmord kann Jahre dauern! Die meisten dafür benötigten Mittel lassen sich ganz legal erwerben (Ich sage nur: Alkohol).

Oder ich stelle mich dem nervigen, belastenden, kaum zu bewältigenden, scheinbar universalen Chaos, indem ich mich darüber lustig mache. „Kosmisch" unterscheidet schließlich nur ein einziger, dünner, sich schlangengleich windender Buchstabe von „komisch".

Ein lieber Freund und Kollege aus Garmisch-Partenkirchen, der grandiose Jörg Maurer, hat sich schon vor langer Zeit Visitenkarten drucken lassen mit der Berufsbezeichnung, „Freiwilliger Komiker". Ich war und bin's ihm ein bisschen neidig. Auf diese Idee wäre ich selber gerne gekommen. Freilich benutze ich keine Visitenkarten mehr, aus einer Art Aberglauben heraus: Noch jedes Mal, wenn ich mir welche angeschafft hatte, flog ich kurz darauf aus der Wohnung.

*

In der Praxis ist das Humoristenleben keineswegs immer ein Honigschlecken; war's nie.

Hast du einmal einen gewissen Bekanntheitsgrad erreicht, grinsen viele schon, wenn sie deiner Person von Weitem ansichtig werden. In den Pupillen funkelt Vorfreude wie sonst nur beim Betreten einer Peepshow oder eines Schuhgeschäfts. Ich weiß nicht, ob dieselben, zweifellos wohlmeinenden Leute ähnlich hohe Erwartungen hegen, wenn sie privat auf einen Tischler treffen. Glauben sie dann auch, er würde ihnen stante pede ein Küchenkastel zusammendübeln?

Bei unsereinem wird jedoch davon ausgegangen, dass wir pausenlos witzig und ein bissl deppert, ergo für jeden Spaß zu haben sind. Speziell Zeitgenossen, die ein Mikrofon mit Logo eines Rundfunk- oder TV-Senders in der Hand haben, neigen dazu, dich wie eine Mischung aus dressiertem Schimpansen und Schirennläufer zu behandeln: „Leo, ha ha ha, hast du kurz Zeit, he he he, folgende Frage, hi hi hi, was fällt dir spontan, ho ho ho, zum Thema Genderwahn ein, hu hu hu?"

Und du weißt genau: Wenn jetzt etwas nicht angesagt ist, dann Differenzierung. Eine „Wuchtel" soll es sein, insgesamt bitte nicht länger als zwanzig Sekunden.

Durch den Kopf schießen dir Dutzende Argumente, die dir wichtig wären. Inhaltlich. Etwa, dass sich jegliche Debatte über körperliches und/oder geistiges Geschlechtsempfinden mitnichten als müßig, sondern vielmehr als dringend notwendig erweist, solange weltweit diverse Muftis, also Patriarchen und sonstige vergreiste Vollbartträger, die ernsthaft behaupten, noch nie verbotener Fleischeslust gefrönt zu haben, sich anmaßen, über das Sexualleben anderer zu bestimmen. Aber das sagst du nicht. Sei nicht blöd, ermahnst du dich: Das kommt in einer quotenreichen Society-Sendung. Gratis-Werbung für dich, mit einer Reichweite, die dein armseliges Ein-Personen-Unternehmen niemals bezahlen könnte!

Es passiert, was passieren muss. Du stammelst irgendetwas Halblustiges; für dessen zusätzlich verstümmelnd geschnittene Ausstrahlung du dich noch tagelang genierst.

Immerhin weißt du, warum die ganze kommende Woche lang die Kassiererin deines nächstgelegenen Supermarkts schon lachen wird, sobald sie dich einen Einkaufswagen entsperren sieht.

*

Ein besonders prägendes Erlebnis hatte ich in der Frühzeit meiner Karriere mit einem Redakteur des ORF-Landesstudios Steiermark.

Anlässlich des Faschingsdienstags war dieser, nennen wir ihn Herrn H., auf die tolle Idee gekommen, eine einstündige Sondersendung zu produzieren. Nun kannte er zwar von der damals gerade heftig und wild aufblühenden regionalen Szene ausschließlich jene Nebenerwerbs-Kleinkünstler (und ein, zwei –innen), die hauptberuflich beim ORF Steiermark angestellt waren. Irgendwie geriet er aber doch auch an meine Telefonnummer und fragte mich, für seine Verhältnisse offenbar rechtzeitig, also eine knappe Woche vor dem Sendungstermin, ob ich nicht ebenfalls mitwirken könne.

„Worum soll's denn gehen?", fragte ich.

„Um das junge steirische Kabarett. Oder so, und überhaupt. Wie man dazu gekommen ist, was du damit bewirken willst" – nicht, dass wir uns davor gekannt oder gar miteinander Bruderschaft getrunken hätten –, „na und so weiter und so fort."

Ich sah in meinem Kalender nach.

Okay, Zeit hätte ich … Und eine einstündige, halbwegs vernünftig moderierte Diskussion zu einem Thema, das mich persönlich brennend interessiert, das bietet vielleicht, denke ich mir, die Gelegenheit, ausnahmsweise einmal etwas Substanzielleres abzusondern als „was Spontanes zum Genderwahn". Abgesehen davon, dass ich das Feld nicht ausschließlich den Faschingsprinzen und sonstigen Freizeit-Scherzkeksen überlassen möchte.

Deshalb sage ich: „Ja, könnte sich ausgehen."

„Prima!", freut sich H. und setzt nach: „Was brauchst denn für deine Nummer? Eh nicht mehr als ein Mikrofon und ein Klavier?"

„Äh … Welche Nummer bitte?"

„Na, du sollst schon was spielen auch."

„Moment, lieber Herr H. Unbezahlt diskutieren für den ORF, das finde ich einigermaßen in Ordnung. Aber einen Ausschnitt aus meinem aktuellen Kabarettprogramm, und vor allem die Urheberrechte, gibt's nur gegen Geld."

„Aber die anderen …"

„Machen das als Hobby. Ich hingegen muss davon leben. Erwarten Sie – ähem, erwartest du, dass ein Tischler, den du in deine Sendung einlädst, dir ein hübsches Bücherregal mitbringt?"

„Ist eigentlich übli…" (*räusper, grummel, hüstel; längere, etwas peinliche Pause; dann:*) „Na schön, Herr Lukas – Was würde denn die billigste Nummer kosten?"

Rehabilitation

Mein lieber, generell erstaunlich geduldiger Vater übte den ehrbaren Beruf eines Hauers aus. Nicht Fleisch- oder Wein-, sondern Schuss-.

Falls euch, liebe Leute, das nichts sagen sollte: Er bohrte Löcher in Felsgestein, stopfte Gelatine-Donarit hinein (welches er, nicht ganz vorschriftsgemäß, im Keller des Siedlungshauses zwischenlagerte, zur Freude von uns Kindern, die gern mit der plastilinähnlichen Substanz spielten), zündete aus relativ sicherer Entfernung den Sprengstoff und verfrachtete hernach mittels Spitzhacke und Schaufel Braunkohle in lustige kleine, „Hunt" genannte Wägelchen.

Bergarbeit strengt ganz schön an und verursacht auf Dauer gewisse körperliche Beschwerden. Da mein lieber, generell eher geduldiger Opa vorsorglich die Gewerkschaft mitgegründet hatte, durften seine Söhne zirka alle zehn Jahre einmal auf Kur fahren.

Von ihrem ersten derartigen, kurz „Rehab" genannten Erholungsurlaub berichteten der Vater und mein lieber, generell ziemlich geduldiger Onkel Edi Folgendes. Ein junger Herrdoktor – freilich kein „richtiger" Arzt, sondern, wie sich herausstellen sollte, Psychologe – geleitete sie zu einem Nebengebäude der Kuranstalt, zeigte ihnen einen mächtigen Haufen Holz und bat sie, das Brennmaterial in den dafür vorgesehenen Speicher zu räumen. Leicht verwundert, jedoch gewohnt, die Anweisungen Studierter widerspruchslos zu befolgen, vor allem aber generell hilfsbereit und geduldig, erledigten meine Ahnen den Auftrag flott, wofür sie zwei Tage benötigten.

Nachdem zwei weitere Tage im Wesentlichen angenehm ereignislos verstrichen waren (Befunde, Bauernschnapsen, Bier), führte sie derselbe Herrdoktor, freundlich grinsend, zum selben Schuppen. Auch der Holzhaufen glich dem vorigen aufs Scheit. Erneut protestierten sie nicht, sondern machten sich ans Werk. Allerdings erwähnten sie ihre Irritation bei der abendlichen Kartenpartie zwei anderen Kumpeln gegenüber – und erfuhren, dass just von jenen beiden das Holz wieder aus dem Speicher geschafft und fein säuberlich aufgehäuft worden war! Dazu angehalten hatte sie der nette junge Herrdoktor.

Am nächsten Morgen zur Rede gestellt, faselte er von „Beschäftigungstherapie". Vater und Onkel beschäftigten sich sodann einige Minuten mit ihm, unter Zuhilfenahme einiger handlicher Holzscheite, wonach der Psychologe seinerseits auf Rehab fahren durfte.

*

Diese Jahrzehnte zurückliegende Anekdote fiel mir plötzlich wieder ein, als mir ein lieber, generell geduldiger Kollege vom Urlaubsaufenthalt in einem Ferienklub erzählte.

Allein hätte er selbstverständlich niemals, doch mit zwei kleinen Kindern ... Sie kennen das, gell? – Jedenfalls, dortselbst gab es einen Tennisplatz. In praller Sonne, daher pufftrocken und staubiger als die umliegende Wüste. Sprengung tat sozusagen Not.

Zwar waren Wasserhahn sowie Schlauch vorhanden, indes Ersterer verrostet und Zweiterer eindeutig zu kurz. Mein Kabarettistenkollege – ich verschweige dezent seinen Namen, nur soviel: Er fängt mit B an und endet mit RIX – konsultierte den Klubchef.

Einmal, zweimal, dreimal.

Erfolglos.

Nahm die Sache, die ihm keine Ruhe ließ, schließlich selbst in die Hand. Entwendete Olivenöl vom Mittagstisch, schmierte damit den Hahn. Stahl sich aus der Anlage, organisierte im etliche Fußstunden entfernten Berberdorf nach mehreren Anläufen einen passenden Schlauch. Und entlockte, indem er selbigen am Tag der Abreise streng um des Oberanimators braungebrannten Hals wickelte, dessen rauen Stimmbändern das Geständnis, dass der Ferienklub, wie *alle* Ferienklubs, ganz bewusst mit solchen Fallen gespickt war, zwecks „Beschäftigungstherapie". Weil Männer, so der Anstaltsleiter, immer irgendeine Aufgabe brauchen, sonst werden sie komisch.

Fällt es euch, meine lieben, generell erstaunlich geduldigen Leserinnen und Leser, nun auch wie Schuppen von den Pupillen? Im Lichte dieses Wissens erklären sich schlagartig zahlreiche Urlaubserlebnisse.

Geißeln der Menschheit

Zu den unangenehmsten Begleiterscheinungen von Fortpflanzung und Brutpflege zählen Eltern.

Andere Eltern. Also, die Eltern anderer Kinder. Nämlich, dass man sich im Urlaub plötzlich gezwungen sieht, zu Leuten, bei denen man nicht einmal flüchtig anstreifen möchte, schauderhaft enge Tuchfühlung aufzunehmen – bloß weil die jeweiligen Kinder einander Hals über Kopf als Spielkameraden auserkoren haben.

Dabei legen sie eine ungeheure Treffsicherheit an den Tag, unter sämtlichen Optionen das momentan größtmögliche Übel (MGMÜ) herauszupicken. Bereits beim Einchecken ins Feriendomizil fällt dir eine Dame auf, deren hochtoupiertes, knallpinkes Frisurenungetüm sogar Peggy Bundy in Angst und Schrecken versetzen würde? Gegen deren durchdringendes Organ sich die Originalstimme von Francine „The Nanny" Drescher wie das sanfte Zirpen einer besonders dezenten Nachtigall ausnimmt? Deren haarsträubend dummstolzes Anschnauzen des Personals schon nach den ersten drei hingegeiferten, nicht bloß grammatikalisch inkorrekten Halbsätzen weltanschauliche Abgründe offenbart, die selbst Paris Hilton schamhaft erröten ließen? Bingo: Das ist das MGMÜ dieses Turnus'.

Und herzlichen Glückwunsch – mit genau dessen schielender, pickelübersäter, ausschließlich Fett-, Senf-, Ketchup- und Mayo-triefende Pommes mampfender, nichts als Zitate aus den geisttötendsten Fernsehserien und Computerspielen absondernder Rotznase wird dein kleiner Goldschatz vom ersten Abendessen an unbedingt am selben Tisch sitzen wollen.

*

Gleichermaßen hervorragend zur Vergällung von Aufenthalten, die eigentlich zur Erholung gedacht gewesen wären, eignet sich der klassische Superpapi-Ehrgeizling.

Dieser Typus des MGMÜs kompensiert eigene Unzulänglichkeiten, indem er den Nachwuchs pausenlos zu Höchstleistungen anspornt. Sein fanatisches Coaching verwandelt jedes Baby-Autodrom in eine Grand Prix-Rennstrecke und harmloseste Mitmachspiele in Gladiatorenkämpfe auf Leben und Tod: „Zeig's ihnen, Menelaos-Beowulf! Körpereinsatz, wie wir`s trainiert haben. Du schaffst das!""

Und der arme, dicke, schwitzende Bub müht sich verzweifelt, beim Sandburgbauen den bodycheckenden Berserker zu markieren ...

Fatalerweise steckt das häufig die übrigen Väter an. Wie auch die Paranoia jener Elternspezies, welche allezeit und überall die Gesundheit ihrer Schützlinge bedroht sieht.

Nun habe ich gewiss nichts gegen vernünftige Ernährung, bin schließlich Bio-Freak der ersten Stunde. Böse Zungen behaupten, ich würde sogar überteuerte, biologisch-dynamische Fairtrade-Zahnstocher kaufen, falls diese im Handel erhältlich wären. Aber sämtliche Menübestandteile mit dem Kofferlabor auf rechtsdrehende Aminosäuren analysieren, bevor sie zum Verzehr freigegeben werden – das muss wirklich nicht sein. Oder Atemschutzmasken verteilen, sobald drei Hotelblocks weiter jemand geniest hat. Oder nach jedem versehentlichen Kontakt mit eventuell nicht vollständig desinfizierter Natur eine dreitägige Quarantäne ausrufen, inklusive vorsorglicher Behandlung mit allem, was die homöopathologische Reiseapotheke hergibt.

Dass solche Leute tatsächlich ständig kränkeln, verwundert ebenso wenig wie der Juckreiz, der sich nach etwa zehn Minuten in ihrer Gegenwart unweigerlich einstellt.

*

Ja, kaum zu glauben, wie vielen Vollkoffern man auch abseits der Gepäckrückgabe begegnet. Unangenehme Zeitgenossen gibt es halt leider zuhauf. Dass gerade diese häufig unterwegs sind, folgt einer gewissen Logik: Weil sie es daheim nicht einmal selbst mit sich aushalten.

Manchmal verfluche ich die Evolution dafür, dass sie uns zwar Augen-, aber keine Ohrenlider beschert hat. Sicher, Fortschritt findet weiterhin statt, jedoch in welche Richtung? Noch vor wenigen

Jahren fragte mich meine Tochter in der Mariahilferstraße: „Papi, was hat der Mann, der mit hochrotem Kopf auf und ab rennt und jemand Unsichtbaren beschimpft?" – Worauf ich antwortete: „Eine gar nicht so seltene Krankheit. Aber keine Sorge, das ist weder gefährlich noch ansteckend." – Heute hingegen lautet die Erklärung: ein Handy mit Freisprech-Einrichtung. Und es handelt sich nicht um einen einzelnen, armen Irren, sondern um dutzende, die gleichzeitig ins Leere brabbeln, als hinge ihr Leben davon ab.

Zur Klarstellung: Ich stehe modernen Kommunikationstechnologien aufgeschlossen gegenüber. Bin keiner, der lamentiert, in den guten alten Zeiten von Rohrpost und Brieftauben sei alles besser und weniger verstopft bzw. zugeschissen gewesen. Gehörte auch vor Jahrzehnten zu den Allerersten, die einen (fälschlich) so genannten „Anrufbeantworter" besaßen. Hei, war das ein Spaß: Zwei Drittel der Anrufenden legten sowieso, von Panik ergriffen, auf; und der Rest fühlte sich ausnahmslos bemüßigt, vor jeder Nachricht erst einmal einen zweiminütigen Sermon abzusondern des Inhalts, dass man es ganz, ganz furchtbar hasse, mit einer Maschine reden zu müssen. Hat einige Jahre gedauert, bis sich diese Hysterie gelegt hat.

Ach, könnte ich doch gleiches über Freisprech-Einrichtungen* behaupten!

*

Der öffentliche Raum ist auch so schon genug akustisch verseucht.

Nicht wenige Menschen besitzen eine besonders durchdringende, auffällig modulierte, extrem hektische oder aber schleppende, jedenfalls nicht einmal mit der Willenskraft eines Kung-Fu-Mönchs ausblendbare Stimme. Bei gar nicht wenigen dieser Menschen hat das Schicksal - wohl zum Ausgleich fürs begnadet markante Organ – an der Intelligenz gespart. Sie referieren beispielsweise unüberhör-

---

* Eben fällt mir auf, dass man von einem Ministerium und/oder einer politischen Partei eingesetzte, mit den eigenen, weisungsgebundenen Leuten bestückte Kommissionen ebenfalls sehr gut „Freisprech-Einrichtungen" nennen könnte.

bar, was sie jeweils anlässlich des Ablebens dieses oder jener Prominenten empfunden oder zum Zeitpunkt der Todesmeldung gerade gemacht haben: „Wie die Uli Maier gestorben ist, war ich mit dem René squashen ..." usw. Im Zuge dessen erfährst du, ob du willst oder nicht, dass Prinzessin Diana zwei Söhne hinterlassen, dass Elton John extra ein sehr schönes Lied für sie komponiert und dass der René, das glaubst du jetzt aber nicht!, genau dasselbe Samsung hat wie die Franzi.

Solche Exemplare unserer Spezies benötigen nicht unbedingt ein Telefon, um ganze Lokale oder Großraumwaggons zu terrorisieren. Es reicht das gemeinsame Ausfüllen von Fragebögen in Frauen- oder Mädchenzeitschriften. Eine liest vor und die anderen diskutieren die Antworten, sodass sämtliche Umsitzenden daran teilhaben und ungefragt ihrerseits einem „Psycho-Test" unterzogen werden. Vollkommen unmöglich, sich auf die eigene Lektüre zu konzentrieren, während schrille Stimmen nebenan Themen wie Intimpiercing und Oralverkehr erörtern!

Allerdings erreichen sie mit Handy einen noch wesentlich höheren MGMÜ-Faktor. Merkwürdigerweise scheint auch bei im Normalzustand durchaus er- und verträglichen Zeitgenossen der IQ frappant zu sinken, wenn sie ein Ferngespräch führen. Die erwähnten Freisprech-Einrichtungen dürften eine zusätzlich verschärfende Wirkung haben. Ganz übel sind Leute, die in mit WLAN ausgestatteten Kaffeehäusern via Internet parlieren und technische Wunder, welche mein Großvater sich im Traum nicht hätte vorstellen können, dazu benutzen, um ebenso ein- wie aufdringlich flüsternd streng geheime Hintergrundinformationen über „Deutschland sucht den Superstar" auszutauschen. Oder Links zu Gratisfilmchen von Pornostars, hechel hechel. Falls sie nicht online den Kampfschamanen markieren, der gerade, die magische Streitaxt schwingend, ein Höhlenlabyrinth voller Orks stürmt.

Schon klar, es ist prinzipiell ja super, dass dich Steuerberater, Ex-Gattinnen und in derselben Kleinstadt geborene Lokaljournalisten, die ganz schnell eine lustige Wuchtel zum Thema Fußball-WM brauchen, auch auf der einschichtigsten Azore oder mitten über dem Atlantik erreichen können. Hauptsächlich jedoch lernen wir weit mehr über „World of Warcraft", Stormy Daniels, Dieter Bohlen, Franzi und René sowie deren atemberaubende Aktivitäten am Tag, als Falco starb, als wir jemals wissen wollten.

*

Das ist aber noch gar nichts dagegen, wie sich manche beim Anstellen anstellen.

Ich sage nur: Überholzwang. In verschiedenen Ausformungen, jedoch immer gleich sinnlos.

Dass jemand auf der Autobahn vorbeiprescht, bloß um unmittelbar darauf wieder nach rechts zu schneiden und zusammenzuschleifen, damit er gerade noch die Ausfahrt erwischt, entzieht sich gleichermaßen rationaler Begründung wie das Gedrängel beim Boarding am Flughafen-Gate, wenn du hinterher im Zubringer-Bus sowieso wieder auf die letzten Nachzügler warten musst. Aber vielleicht geht's ja ums Gewinnen; vielleicht benötigen solche Leute unbedingt jeden kleinsten Teilsieg, weil ihnen das Leben sonst nur Niederlagen beschert. Ganz besonders lustig finde ich den Typus des „Unauffällig-Hineinzwängers", der – nicht selten: die – sich neben das vordere Drittel der Schlange stellt und sich scheinbar geistesabwesend, den Blick in unergründliche Fernen gerichtet, millimeterweise nach innen schiebt, bei jedem Vorrücken ein winziges Stückchen weiter, wobei im entscheidenden Moment gern ein Akten- oder Schminkkoffer von Louis Vuitton als Keil eingesetzt wird.

Diesen armen Menschen gönnen wir den bescheidenen Triumph, uns dermaßen raffiniert überlistet zu haben, von Herzen. Weshalb sich praktisch nie jemand darüber aufregt.

Diszipliniertes Anstellen gehört nicht zu den weltweit verbreitetsten Kulturtechniken. Auf Kuba regeln sie das recht schlau, nämlich so: Kommst du an eine Haltestelle, an der bereits die eine oder andere Dutzendschaft versammelt ist, fragst du „¿Quien es ultimo?" – Dann zeigt der- oder diejenige auf, und du weißt, hinter wem du dich später einzureihen hast, und kannst dir einstweilen ein einigermaßen gemütliches, vor allem schattiges Plätzchen suchen. Es wäre ja idiotisch, in der prallen Tropensonne eine Schlange zu bilden; zumal Kuba eher nicht unter einem Überangebot an hochfrequenten Öffis leidet.

Erst, wenn der Autobus (oder der LKW mit den Sitzbänken auf der Ladefläche oder das Pferdefuhrwerk beziehungsweise Ochsengespann) naht, stellt man sich der Reihe nach an. Ein charmantes System, gell? Es hat nur einen einzigen Schwachpunkt: Sobald sich herausstellt, dass kaum Plätze frei sind und unmöglich alle Wartenden mitkommen werden, stürmt die ganze Meute los, ohne Rücksicht auf Verluste.

Aber bis knapp davor funktioniert's perfekt.

*

Gibt's noch Steigerungsformen touristischer Geißeln? Na sicher doch.

Eines Sommers begab ich mich ins Tennengebirge, um dessen Hochplateau zu überqueren. Ich kam jedoch nur bis zur ersten Hütte. Weil der Himmel, wie es so schön heißt, seine Schleusen öffnete, dass weniger auch noch genug gewesen wäre. Egal, ich war trotzdem rundum glücklich (wozu möglicherweise die beim gewitterbedingt eher flotten Aufstieg ausgeschütteten Endorphine beitrugen – siebenhundert Höhenmeter in einer knappen Stunde bitte!), nachdem ich das pitschepatschenass durchweichte Gewand gegen trockeneres getauscht hatte und mich wohlig neben den Kachelofen fläzte.

Aaah, Bergeinsamkeit! Endlich dampfend hautnah an der Natur, fernab von Großstadthektik und Lärm, keine Belästigung durch TV, Computer, Handy oder sonstiges elektronisches Zeugs ... Aus der Küche dudelte leise Radio Salzburg; na gut, das nehmen wir als Bestandteil rustikaler Folklore hin. Aber sonst: Nebel, Regen, Ruhe, Frieden. Herrlich!

Zehn Minuten lang. Dann trafen zwei weitere Gäste ein. Der vordere, ausgerüstet ausschließlich mit den allerteuersten alpinistischen Spitzenprodukten, stapfte grußlos und ohne sich seiner lehmpanierten Bergschuhe zu entledigen, an mir vorbei zum Tisch vor der Küche, wo die Hüttenwirtin über einem Kreuzworträtsel saß, beugte sich über sie und verkündete, den Zeigefinger ausfahrend, mit norddeutschem Akzent: „Papagei, drei Buchstaben – Ara."

Aua.

Lassen Sie mich sicherheitshalber wieder mal etwas klarstellen: Ich habe nichts gegen Deutsche. Einige meiner besten Freunde und liebsten Kollegen sind Deutsche, sowie gut neunzig Prozent der Leserschaft meiner Romane. Bei der letzten Fußballweltmeisterschaft habe ich mich öffentlich, reichlich Schmähungen in Kauf nehmend, als Fan des deutschen Teams deklariert. Ich darf also behaupten, gegen chauvinistische Vorurteile gefeit zu sein, und womit? Mit Fug.

Dieser Deutsche freilich war deutscher als jedes Klischee. Yep: MGMÜ. Erst verhörte er die Wirtin betreffs für Alpenvereinsmitglieder ermäßigter Speisen, Getränke und Unterkunft, berichtete auch gleich ausgiebig von sämtlichen Hütten des Alpenhauptkamms, wo man ihm diesen Service in den letzten drei Jahrzehnten nicht oder nur unvollständig geboten hätte. Dann schob er schwungvoll meine über dem Ofen aufgehängte Kleidung zur Seite, um Platz für die eigenen Sachen zu schaffen. Als ich höflich einwarf, ich fände es nicht so toll, wenn er schmutzige Bergschuhe über meinen Hüttenschlafsack drapiere, hielt er mir einen Vortrag des Inhalts, dass man im Massenlager ohne Schlafsack ähnlich schlecht schlafe wie in einem feuchten, weshalb ich mich in einer unerquicklichen Situation befände, gelle? Er lachte schallend, sichtlich befriedigt darüber, mich aufgeklärt und zugleich gezeigt zu haben, welch tiefen Mitgefühls er fähig war.

Ich bin sicher, er meinte es wirklich nicht bös.

Wie sich herausstellte, hatte er seinen holländischen Begleiter übers Internet kennengelernt, in einem Forum für Reiselustige. Die beiden unterhielten sich auf Englisch, besser gesagt: der Deutsche den Holländer, und zwar pausenlos. Keineswegs überlaut. Aber wir kennen das, gell? Je fehlerhafter jemand eine Fremdsprache benutzt, desto weniger schaffst du es, nicht hinzuhören.

Beide Herren führten Digitalkameras und mehrere zusätzliche

Chipkarten mit sich. Kaum jemals habe ich unter den Errungenschaften moderner Technik so gelitten wie an diesem Abend. 8000, in Worten: achttausend Schnappschüsse aus allen Kontinenten, jeder einzelne davon kommentiert in Pidgin mit sächsischem Zungenschlag!

Keine Chance, gemütlich das extra mitgebrachte Standard-Samstag-Sudoku zu lösen, in den aufliegenden, noch aus dem Ständestaat stammenden Bergbüchern zu schmökern oder einfach, mit sich und der Welt im Reinen, dem Wind draußen vorm Fenster und den Holzscheiten drinnen im Kachelofen zu lauschen. Stattdessen: „Sis ei em biforr Angkor Watt ... Ah yes, sis is juh biforr se Tatsch Mahall ... Nau luk, sis is mei old Anorak, bat schortli biheind ei bikäim e njuh wan...“

Folter dritten Grades. Und das Gemeinste: Ich konnte mich nicht mal beschweren. Reden in Zimmerlautstärke ist schließlich auf Almhütten nicht verboten.

Der Deutsche laberte noch, als ich zu Bett bzw. feuchtem Schlafsack ging. Als ich morgens zum Frühstück kam, laberte er schon wieder. Dass sein niederländischer Netz-Bekannter mindestens ebenso gerädert wirkte wie ich, war mir nur ein schwacher Trost.

Seither steht ein neuer Punkt auf meiner Liste unbedingt notwendiger Bergutensilien: Ohropax.

Smørrebrød Song

Ich hab ein schreckliches Geheimnis. Ich bin total pervers.
Die schlimmsten Übeltäter sind, an mir gemessen, Waisenkinder.
Mich kann niemand stoppen.
Wenn mir vor lauter Frust zum Speibn is, tu ich was Ärgerer's.
Es ist entsetzlich, ich gesteh': Ich fahr zum Stadtrand raus und gehe
Zum IKEA shoppen.

Dort nehm' ich so viel' Einkaufswagen, wie ich nur kriegen kann,
Und fülle sie sodann so voll wie möglich an.

Zwölf zwanzigteilige Service. Achtmal das Weinregal.
Dreißig Pölster zum Zerknautschen. Drei, vier echte Ledercouchen.

Jede Menge Sessel.
Wie Frankenstein durch die Verliese, so schleich ich durch den Saal,
Und alles, was mir unterkommt, das greif ich gnadenlos mir prompt.
Ich bin total entfesselt.

Nur zwanzig Meter vor der Kassa, da krieg ich einen Schreck,
Stell alles in ein Eck und gehe einfach weg.
Und ich ess' noch ein Smørrebrød am Ausgang
Und lache röhrend wie ein Hirsch
Und geh hinaus und vorn wieder rein und erneut auf die Pirsch.

An guten Tagen schaff ich locker sechs sieben Runden und mehr.
Kein Detektiv stört meine Wege, jeder grüßt mich als Kollege,
Mancher half schon schieben.
Ganze Paletten voller Hocker räumten zu zweit wir leer,
Von jeder Lampenart ein Stück … Es waren Stunden voller Glück,
Die wir uns so vertrieben.

Nur zwanzig Meter vor der Kassa ließen wir alles stehn
Und raunten: Wiedersehn, baba, `s war wunderschön!
Und ich aß noch ein Smørrebrød am Ausgang
Und hob mein Glas wie einen Kelch
Und war vergnügt. Ich wusste, es liebt mich wer, nämlich der Elch.

Dies soll euch allen etwas sagen, das sehr erfreulich ist:
Es gibt auf Erden einen Ort, wo Angst und Sorgen sehr weit fort,
Wo ihr dem Himmel näher – und dieser heißt IKEA.

Nur dürft ihr nie etwas bezahlen! Macht nur die Wagen voll
Und amüsiert euch toll und scheidet ohne Groll.
Esst noch ein Smørrebrød am Ausgang
Und lacht wie eine Rentierkuh.
Und seid gewiss: Dies Paradies sperrt kein Erzengel zu.

Lange Nächte in der Lange Gasse

1
Das, nein: DAS Lokal

Harry Das Möbel heißt neuerdings Harry Der Boden.

Ich weiß, ein Gutteil der Leserschaft wird auf diese sensationelle Eröffnung mit ungläubigem Schock, wenn nicht bassem Entsetzen reagieren. Harry Das Möbel wurde ja so genannt, weil er fix zum Hausrat des von ihm besessenen*, jedoch nicht wirklich wirtlich geführten, kleinen Jazzcafés „Miles Smiles" in der Josefstädter Lange Gasse gehört, an dessen kurzer, schmaler Bar häufig große Themen breit erörtert werden. Das „Miles" ist ein selten gescheites Beisel, was auf die Stammgäste abfärbt, welche gern, viel und selten gescheit reden. Nur Harry, der stets mindestens sieben verschiedene Sorten Zigarettentabak und Wuzelpapier mitführt, hält sich meistens heraus und still im hintersten Winkerl an einem Bier fest; es sei denn, man bespricht elektronische Geräte.

Seit Ende des Sommers aber ist alles anders. Harry und sein den Laden schupfender Kompagnon, der (mit vielen Leuten) bekannte Kunstmaler Theophil Amadeus Gottlieb, haben nämlich einen neuen Boden verlegt. Industrieparkett. Eigentlich sehr dankbar, wie man so sagt. Trotzdem robbt Harry nun praktisch pausenlos unter den Tischen herum, damit er bei etwaigen Kratzern, Schürfwunden oder gar Getränkeflecken sofort Erste Hilfe leisten kann. Ich habe ihn im Verdacht, dass er am liebsten beim Eingang einen Seuchenteppich installieren und Hüttenpatschen verteilen würde, wenn nicht überhaupt zusperren, um den Boden ganz für sich alleine zu haben, und nur vom etwas ökonomischer denkenden Kunstmaler daran gehindert wird. Ansonsten zählt er, bibbernd vor Vorfreude, die Wochen, Tage, Stunden und Minuten bis zum nächsten Einölen.

---

* Obacht, Triple-Bedeutung: Es gehört ihm; er sitzt täglich von spätestens Mitternacht bis frühestens Sperrstunde drin; und das fasziniert uns seit vielen Jahren.

So oder so, Boden oder Möbel, dem Phänomen DES Lokals kommt eine gar nicht zu überschätzbare Bedeutung zu.

Kosmopoliten jeglicher Provenienz bestätigen, dass es in jeder Metropole, jeder Kleinstadt, jedem Nest ein, und nur ein wirklich essenzielles Lokal, eben DAS Lokal, gibt. DAS Lokal scheint so gut wie nie in Reiseführern auf und verfügt oft nicht einmal über Türschild oder Leuchtreklame. Derlei wäre unnötig: Wer DAS Lokal finden will, findet es, wahrscheinlich auf ähnlich unerklärliche Weise wie der Lachs den Laichgrund.

In DEM Lokal verkehren deshalb, egal auf welchem Kontinent, auch immer dieselben Typen, welche einander auf den ersten Blick erkennen und wie gute alte Freunde ignorieren. Kleidung, Muttersprache, Hautfarbe, Geschlecht und sonstiger Schnickschnack spielen selbstverständlich keine Rolle. Dekoration und Angebot mögen variieren, sogar die Musik, obwohl Tom Waits so gut wie nie fehlt; aber der Stammgast weiß sich in DEM Lokal daheim, sobald er es betreten hat.

Wäre dem nicht so, würden viele Schrullis, darunter ich, das Verlassen des Heimatortes (und damit DES Lokals) striktest verweigern. Ich stehe nicht an zu behaupten: Für die Völkerverständigung leistet DAS Lokal mehr als UNO und Internet zusammen. Verwende hiebei übrigens bewusst den Singular: Denn in Wirklichkeit sind alle Lokale eins, im metaphysikalischen Äther verbunden.

Vielleicht erleben wir es ja noch, dass diese wurmlochartigen Hypertunnel, welche vermutlich in den jeweiligen Klos münden, von Professor Zeilinger oder anderen Schlauköpfen als Transportwege nutzbar gemacht werden (manche aktivieren sich auch jetzt schon gelegentlich spontan von selbst; was dadurch bewiesen ist, dass z. B. im „Miles" in schöner Regelmäßigkeit Leute verschellen und erst Tage später wieder, reichlich ramponiert, zu Hause auftauchen). Wäre das nicht toll? Ein kleiner Schritt für einen Gast – doch ein großer Schritt für die Menschheit.

2
Troll auf Trinidad

„Ganz ehrlich, unter uns, im Vertrauen, Scherz beiseite, um nicht zu sagen: ohne Schmäh", brach es eines Nachts unvermittelt aus Harry Dem Boden heraus: „Männer und Frauen haben's nicht ganz einfach miteinander."

Nachdem wir diese wohlgesetzten Worte eines wahren Weisen gebührend hatten einwirken lassen, sahen wir uns bemüßigt, Harrys Theorem mit Beispielen zu unterfüttern. Alsbald verwandelte sich die Theke in eine Klagemauer. Wir mussten von Shiraz auf Tequila umsteigen, so salzige Zähren vergossen wir angesichts der Unverträglichkeit der zwei auf diesem Planeten am häufigsten vorkommenden Geschlechter.

Nur Theodor widersprach, ebenso überraschend. Wir, also die übrigen Angehörigen der „IzAdSiMS" (Initiative zur Ausdehnung der Sperrstunde im „Miles Smiles"), staunten darob sehr. T. Roll, der sich selbst „der Alte Troll" nennt*, ist einer der eingefleischtesten Junggesellen überhaupt. Normalerweise entspricht sein Verhältnis zum Weibsvolk dem des Vampirs zum Sonnenliegen.

Kürzlich aber, berichtete er, sei er – rein zufällig – auf eine Annonce gestoßen, in welcher ein Reisebegleiter gesucht wurde. Da habe ihn unverhofft der Hafer gestochen und er beschloss auszuprobieren, ob nicht doch, wie er augenzwinkernd formulierte, „Rock und Roll zusammengehen, wenigstens für drei Wochen."

Mit diesen fast schon geflügelten Worten verabschiedete er sich, wiegenden Schritts. Er wartete nicht einmal die von weiteren Tequila-Runden befeuerten Glückwünsche zur Gänze ab.

Entsprechend gespannt harrten wir Theodors Rückkehr. Und hingen, einen knappen Monat später, an des Alten Trolls Lippen wie sonst nur sein stattlicher, tabaksaftgebräunter Schnauzer.

---

* Hauptsächlich, um folgenden Schüttelreim anbringen zu können: Ich, der Alte Troll, rappe / gern auch auf der Rolltreppe.

Die Reisevorbereitungen, erzählte er, hatten zu schönster Hoffnung Anlass gegeben, da die Inserentin sich als Medizinstudentin, ausnehmend adrett und verblüffend verständig entpuppte. Beispielsweise erhob sie, nachdem Theo sich bereit erklärt hatte, die Buchungsformalitäten zu übernehmen, keinerlei Einwände dagegen, dass er außer zwei Schmetterlingsnetzen und mehreren Botanisiertrommeln auch sein doch relativ geruchsintensives Spulwurm-Aquarium mitzuführen gedachte; bekanntlich sind Trinidad und Tobago dem Connaisseur und Konservator von Flora und Fauna wie Mekka und Mariazell. Ja, die glutäugige Karla verzichtete sogar zu seinen Gunsten großmütig auf Hand- und sonstiges Gepäck!

Ein veritables Opfer, denn in Port of Spain erwies sich das schurwollene Kostüm der Ärmsten überraschend als dem antillischen Sommer eher unangepasst. Versteht sich, dass der Alte Troll sie sogleich in einige Geschäfte geleitete und von Kopf bis Fuß neu einkleidete. Mehrmals: Schließlich schwitzt man in jenen Breiten oft und hat daher ganz gerne was zum Wechseln. Auch drei ausreichend voluminöse Koffer kaufte Karlas karibischer Kavalier kulant per Kreditkarte. Ließ es sich nicht nehmen, beim Einpacken zu assistieren, wobei ihm auffiel, dass sie außerdem reichlich Herrensachen erworben hatte. Offenbar für ihn! Gerührt und geschmeichelt sah er darüber hinweg, dass sie seinen Leibesumfang um etliche Konfektionsgrößen unterschätzt hatte. Auf die Kinderkleidungs-Stapel sprach er sie denn doch an. Vom schelmischen Lächeln, das sie ihm an Stelle einer Antwort schenkte, sollte er noch lange träumen ...

Dank Karla stellte die Suche nach einem Stützpunkt für die geplanten Expeditionen kein Problem dar. So schnell konnte er gar nicht schauen, hatte sie unweit von San Fernando eine Familie aufgetan, deren Mitglieder sie, typisch tropisch überschwänglich, wie alte Freunde begrüßten und ihnen gegen geringes Entgelt Quartier gewährten (in einem etwas abseits gelegenen Schuppen, wegen des Aquariums). Die Pritsche war schmal, was aber insofern nichts ausmachte, als Karla, ihrem hippokratischen Eid verpflichtet, in dieser und den folgenden Nächten am Bett von Miguel wachte, dem kurz nach ihrer Ankunft schwer erkrankten ältesten Sohn des kinderreichen Hauses.

Der Alte Troll war mächtig stolz auf sie. Wenngleich er bedauerte, dass sie ihn, übermüdet wie sie war, auf seinen naturkundlichen Ausflügen nicht begleiten konnte. An ihrer Statt fuhr Miguels Großmutter frühmorgens Theodor mit dem geliehenen Jeep ins Hinterland. Abends holte sie ihn wieder ab. Zumindest die ersten vier Tage. Am fünften bemerkte er, während malerisch die Sonne unterging, dass ihm unterwegs nicht nur das Portemonnaie, sondern augenscheinlich auch die Orientierung abhandengekommen war, denn von Oma wie Offroader fehlte jede Spur.

Bis er wieder an die Küste gefunden hatte, musste er sich schon gehörig sputen, um den Rückflug noch zu erreichen. Man ließ ihn allerdings nicht mehr zusteigen, weil man irrtümlich der Ansicht war, er befände sich bereits an Bord. Nach einigen kleineren Verwicklungen verhalf ihm eine fast ständig kichernde Dame vom deutschen Konsulat zur Heimreise.

Theo Roll bedauerte, bislang keinen erneuten Kontakt zu Karla gehabt zu haben. Er würde sich, sagte er, sehr gern bei ihr bedanken. Einmal wegen des überaus seltenen Exemplars eines „Gehörnten Blindegels", das er bei seinem Dschungelmarsch erbeutet hatte. Vor allem aber dafür, dass sie ihm gezeigt habe, wie gut ein Mann und eine Frau miteinander auskommen können – wenn sie sich nur ein klein wenig um gegenseitiges, respektvolles Verständnis bemühen.

3
Kindereien

„Froh bin ich, dass die Ferien vorüber sind", sagte Theophil Amadeus Gottlieb.

Der Geschäftsführer des „Miles Smiles" behandelt mittlerweile viele seiner Stammkunden auch als Shiatsu-Therapeut. Äußerst angenehm, sehr zu empfehlen. Nach der Massage erklärt er gern die gesundheitlichen Nachteile des übermäßigen Konsums von Trinkalkohol, beispielsweise in seinem Lokal*.

„Froh bin ich", erklärte also Gottlieb, „dass die Ferien vorüber sind."

Scylla widersprach heftig.

Nun sind er und sein Kumpel Charybdis, mit dem Scylla die Vorliebe für grottenschlechte Wortspiele teilt, notorische Dagegenreder. Wenn du in deren Beisein erwähnst, der Papst sei katholisch, haben sie garantiert was daran auszusetzen. Beispielsweise, dass der Pontifex maximus ja eigentlich als irdischer Stellvertreter von Jesus Christus fungiere, welcher nachweislich dem mosaischen Glauben angehört habe. Übrigens verdanke, apropos Religionen, die Margarinesorte „Rama" ihren Namen dem Anklang an „Buddha"; indes „Hindukusch" keine Aufforderung an einen Anhänger des Kastenwesens sei, den Mund zu halten.

Jedenfalls protestierte Scylla dermaßen wütend, dass ich mich zur Nachfrage hinreißen ließ, was ihn denn am Schulbeginn gar so verdrieße.

„Jetzt gehen wieder die Kinderfeste los", winselte er. „Und weil ich mit den Alimenten leicht im Rückstand bin, habe ich versprochen, sie für die Unsrigen zu organisieren."

Wir senkten mitleidsvoll den Blick in die Riedel-Gläser. Scyllas Ex-Lebensabschnittspartnerinnen Elisabeth, Bettina und Sissi,

---

* Was mich an den Dentisten in meiner Heimatstadt Köflach erinnert, welcher uns Kindern, zur Belohnung für erwiesene Tapferkeit, extrem zuckerhaltige Süßigkeiten schenkte.

allesamt rothaarig, lassen ihm gewöhnlich wenig Verhandlungsspielraum, wenn es um die gemeinsam erzeugte und abwechselnd beaufsichtigte Brut geht. „Gwendolyn hat im Herbst Geburtstag, Rudolfo-Ramses-Ragnarök einen seiner Namenstage und Supercandidula wurde ins Okarina-Orchester aufgenommen, was ebenfalls unbedingt gefeiert werden muss."

„Eine Party für ein paar Geschrappen auszurichten, wird ja wohl kein Beinbruch sein", warf Harry Der Boden ein. Worauf er, wie nach jeder Wortmeldung, ein Bier hingestellt bekam und sich wieder seinem Sudoku widmete.

„Oho!", erklärte Scylla: Die Latte liege Jahr für Jahr höher. Mit Spongebob-Papptellern, Topfschlagen sowie einem verkrachten Schauspieler, der sich eine Clownsnase aufsetze und Ichtyosaurier aus quietschenden Luftballons falte, sei es längst nicht mehr getan. „Gwendi war kürzlich bei einem Fest anlässlich des letzten Kindergartentages ihrer Kusine Scheherazade, wofür das Riesenrad und der halbe Wurstelprater angemietet wurden. Die Eltern von Rudis Banknachbarn Popocatépetl haben dessen ersten nächtlichen Samenerguss mit einem Wochenende auf einem Waldviertler Bio-Ponyhof zelebriert, inklusive Trommelkurs und Familienaufstellung. Und Candy ist demnächst zu einem Drei-Tages-Trip nach Ischgl eingeladen, weil die Meerschweinchen ihrer Synchronschwimm-Partnerin beinahe Junge bekommen hätten. Allerdings steht der Termin noch nicht fest, der Stiefvater von Bhagavadgita verhandelt noch wegen der Mitternachtseinlage mit den ‚Lochis'."

„Verstehe. Nicht ganz leicht zu toppen", gab Charybdis zu. „Bedenkliche Entwicklung. Wo soll das enden? Was kommt als Nächstes?"

"Weihnachten", seufzte Scylla. Jedoch hellte sich sein Gesicht gleich wieder auf. „Apropos - wie nennt man einen Christbaum, der in der Straßenbahn transportiert wird?"

Wir schwiegen, Übles witternd.

„Bim-Bam!", krähte Scylla fröhlich. „Gut, gell? – Und wenn das ganz oft vorkommt?"

„Bim-Bam-Boom?", mutmaßte Charybdis.

Die zwei tragen ihre Spitznamen nicht von ungefähr. An denen kommt kein schlechter Witz vorbei. Selbst wenn sich der eine ausnahmsweise einen in der Luft liegenden Kalauer verkneift, schlägt garantiert der andere erbarmungslos zu, ganz wie weiland die beiden Seeungeheuer beim Kollegen Homer. Dessen Humor ja auch nicht immer astrein war.

„Richtig! Gut, gell? Und wenn jemand Angst vor klingelingelingenden Glöckchen hat? Nu?"

Geschätzte Leserin, geneigter Leser: Für den Fall, dass Sie ein wenig mitraten wollen, bringe ich die Auflösung dieses Scherzrätsels erst am Ende des Kapitels. Sie werden begeistert sein.

Scyllas prä-adventliche Aufgekratztheit stellt natürlich eine Art verzweifelter Vorwärtsverteidigung dar. In Wirklichkeit hat er nichts, aber schon gar nichts zu lachen. Da sich jede seiner Exfrauen inzwischen einen etwas weniger zwangssanguinischen Partner gesucht hat – in einem Fall eine Partnerin, aber das macht`s auch nicht einfacher –, führt die Organisation der Weihnachtsfeiertage alljährlich zu logistischen Problemen, die selbst deutlich stabilere Gemüter in tiefste Melancholie stürzen würden.

„Elisabeth und Gwendolyn feiern Heiligabend mit Giorgio bei ihm, aber schon um elf Uhr Vormittag, weil Giorgio noch am selben Tag seinen Sohn Sindbad zur Ex nach Vorarlberg kutschieren muss. Danach geht Elisabeth zu ihren Eltern, und zwar nacheinander; die leben ebenfalls getrennt. Ich kriege Gwendy also frühestens um neunzehn Uhr, da sollte ich aber Rudi-Ramses bereits zurück zu Betty und Andrea gebracht haben, sonst gibt's wieder mächtig Saures. Supercandidula kann ich überhaupt erst am Christtag bei Sissi und Heiner in Osttirol abholen, was blöd ist, weil ich da eigentlich mit Lisa, meiner neuen Freundin, und deren Kindern aus den ersten Ehen bei sieben verschiedenen Omas und Opas in Frei-, Darm-, Ingol-, Schwanen-, Heiligen- und Wiener Neustadt kurz vorbeischauen wollte. Jessas, auf die Uroma hätte ich jetzt fast vergessen! Okay, die ginge sich vielleicht am Stephanitag aus. Aber da hat Lisa versprochen, Tutenchamun und R2-D2 zu ihren Vätern zu verfrachten; die haben nicht früher Zeit, wegen ihrer komplizierten Familienverhältnisse ..."

Scyllas Stimme verröchelte. Wäre er nicht seit Langem kahlköpfig, er hätte sich die Haare gerauft. So kaute er, da er auch keine Fingernägel mehr besitzt, leise winselnd auf seinen Knöcheln herum.

„Sei bloß froh", versuchte Charybdis seinen Kumpel schließlich zu trösten, „dass du heute lebst und nicht, sagen wir, in dreihundert Jahren. Wenn die Lebenserwartung weiter so ansteigt, tummeln sich dann locker acht, neun Generationen gleichzeitig auf diesem Planeten. Da kämst du bist Ostern nicht nach.‘"

4

Das Gegenteil von Western

„Ostern", sagte Theophil Amadeus Gottlieb, einige Tage und viele Achterln danach den Gesprächsfaden wieder aufnehmend, „war mir schon als Kind lieber als Weihnachten. Okay, das Christkind hat größere Geschenke gebracht. Aber erstens konnte es nicht richtig lesen und verwechselte, alle Jahre wieder, ‚Autorennbahn' mit ‚Kratziger Pullover, derart scheußlich gemustert, dass man in der Schule garantiert wie der letzte Trottel dasteht'. Zweitens gibt ein paranoides himmlisches Phantombalg, das bestenfalls die Erwachsenen sehen, einfach weniger her als ein Rammler mit dicken Eiern. Weshalb es ja auch auf Dauer gegen den bladen, von Coca-Cola gesponserten Päderasten mit der ätzenden „Ho, ho, ho"-Lache keine Chance haben wird."

„Wenig liegt mir ferner als Religionsverhöhnung", warf Charybdis ein. „Anyway: Wie nennt man die lustige Faschingsmütze eines ungarischen Moslem-Geistlichen? Hm? – ‚Mullah-Tschako'. Gut, gell?"

Alle lachten oder seufzten pflichtbewusst, auch der Alte Troll und Harry Das Möbel Dem Der Boden Inzwischen Doch Nicht Mehr Gar So Wichtig War. Charybdis setzte zu einer Erklärung des Wort-

---

* Auflösung des Scherzrätsels: Bimmel-Bammel.
Und ein Spaziergang, welcher quastenbehaubt ausgeführt wird?
Bommel-Bummel. – Gut, gell?

spiels mit „Mulatschag" an, aber Gottlieb würgte diese ab, indem er nachschenkte.

„Ja, der Osterhase", sagte er dabei. „Irgendwie ein leinwander Typ. Nicht ganz so cool trashig wie der Sparefroh, von dem man schon länger nichts mehr gehört hat, aber jedenfalls ein Charakter. Ein Original, wie man so sagt. Immer leicht anlassig – no na, als Fruchtbarkeitssymbol –, immer pfiffig gewandet, immer auf Achse, um der Mitwelt das eine oder andere Ei zu legen."

Die Sucherei, führte er weiter aus, sei sowieso genial*: Die Kinder freuen sich, weil sie so viel finden. Deren Neurotisierungsberechtigte desgleichen, weil sie dem Nachwuchs wieder und wieder ein und dasselbe Schokoküken** unterjubeln können. Nicht minder die Großeltern, weil sie wenigstens einmal im Jahr auf ihre Cholesterinwerte pfeifen dürfen. Und die Unfallchirurgen frohlocken sowieso pausenlos das ganze Osterwochenende lang: Eine derartig geballte Ladung Organspender kriegen sie sonst höchstens herein, wenn in Kärnten Eishockey-Finale, Musikantenstadl-Aufzeichnung und Golf-GTI-Treffen zusammenfallen.

„Außerdem", schloss T. A. Gottlieb, „klingt Oster-weit-erung allemal weniger verklemmt als Weihnachts-eng-erl. – Letzte Runde!"

„Einen hab ich noch", sagte Charybdis. „Wie bezeichnet man die Flüssigkeit, die bei der österlichen Fußwaschung verwendet wird? – ‚Brauch-Wasser'! – Gut, gell?"

---

* Allerdings verliert selbst diese heitere Beschäftigung an Reiz, wenn's einmal wöchentlich Ostern spielt. Wie in meiner Wohnung jeden Freitag, nachdem die Putzfrau da war.

** Grad fällt mir auf, dass „Schokoküken" drei K, zwei O sowie je ein S, E und N mit „Streptokokken" gemeinsam hat. Wer ein weiteres Wort findet, worauf dieses zutrifft, möge es mir unter leo.lukas@chello.at zumailen und kriegt dafür wahlweise ein von mir selbst bemaltes, handsigniertes Ei oder eine Freikarte für eine der nächsten, öffentlichen Lesungen. „Krokokissen" und „Rokokokioske" zählen wegen Sinnlosigkeit nicht; wiewohl letzteres sogar vier K und drei O beinhielte.

5
Zeit-Totschlag will gekonnt sein

Wieder einige Tage später sprachen wir über Wetter.

Nicht *das* (diesbezüglich herrschte einstimmige Resignation), sondern *die*; also Personen, welche leidenschaftlich gern Wetten abschließen. Auslöser des hochkarätigen Kolloquiums war ein Bericht im „Kurier", demzufolge bei britischen Buchmachern die Quote auf die Farbe des Hochzeitskleides von Meghan Markle eineindrittel zu eins für „cremefarben" stand. Der „Kurier" verschwieg, um welche Creme es sich handelte: Vanille-? Schlag-? Schuh-? Antifalten-?

Wie auch immer. Harry Das Möbel, der Besitzer und mit Abstand beste Gast des Jazzcafés „Miles Smiles", wo unsere Expertenrunde nächtigte – „tagte" wäre allzu beschönigend – und sein Geschäftsführer, der Kunstmaler Theophil Amadeus Gottlieb, überboten sich sogleich mit Beteuerungen, noch niemals in ihrem Leben gewettet zu haben, nicht einmal in der Volksschule, wer länger die Luft anhalten, mehr Malbecher austrinken oder seinen Vornamen vollständig in den Schnee pinkeln könne*.

Scylla hingegen deklarierte sich als begeisterter Veranstalter von Wettspielen. Insbesondere als Mittel, um bei längeren Autofahrten, Zugreisen oder während der Wartezeiten am Flughafen seine drei hyperquengeligen Bälger wenigstens für ein paar Minuten ruhigzustellen. „Alles, was man dazu braucht", schwärmte er, „sind etwas Fantasie und viele, viele bunte Smarties. Befindet sich unter den nächsten zwanzig Rechts-Überholern ein Golf GTI mit rammelnden „Injection"-Hasen am Heck? Wie viele verschüttete Colas erduldet der Speisewagenkellner, bevor er das Handtuch wirft, und wen wird er damit treffen? Wessen in der Abflughalle versteckter Rucksack wird als letzter ..."

---

* Ich prahle ungern. Jedoch muss hier im Interesse der Sportgeschichtsschreibung vermerkt werden, dass ich in dieser Königsdisziplin der männlichen Adoleszenz vom Kindergarten bis zum Studienabbruch ungeschlagen war. Okay, „Leo" ist etwas kürzer und im Schriftbild, äh, flüssiger als beispielsweise „Maximilian". Aber es ging ja auch um Haltungsnoten.

„Nett", unterbrach Charybdis, „aber Kinderkram. – Kennt ihr ,Rosentaler Roulett'?"

Für diesen in den Wirtshäusern seiner Kärntner Heimat sehr beliebten Hardcore-Hasard benötigt man, erklärte er, bloß einen Standard-Aschenbecher sowie eine Fliege. Diese wird gefangen und unter jenen gesteckt, welcher verkehrtherum auf den Tisch gelegt wird. Hernach setzt man Unsummen darauf, aus welcher der vier Öffnungen die Fliege entkommt.

Nachdem wir Charybdis zu seinem reichen kulturellen Erbe gratuliert hatten, brachte der Alte Troll eine weitere Vabanque-Variante aufs Tapet: „Ich wette um eine Averna-Runde, dass ich eine Familie kenne, von deren sieben Kindern exakt die Hälfte Mädchen sind."

„Exakt?", fragte Harry Das Möbel, seines Zeichens begnadeter Privatgelehrter und messerscharfer Rechner: „Du meinst, drei Komma fünf?"

„Exakt."

„Hm. Ein Zwitter darunter? Hermaphrodit? Kastrat?"

„Nein."

„Zählen irgendwelche Tanten, Omas, Kusinen oder so mit?"

„Nein. Sieben gesunde, normale, lebende Menschenkinder, nicht mehr und nicht weniger, exakt die Hälfte davon Mädchen. Die restliche Verwandtschaft spielt keine Rolle. Ich leg' noch was drauf: Sie haben auch ein vierbeiniges Haustier, das Chappi frisst und hinten gleich gut sieht wie vorne."

Wir nahmen die Wette an, und zwar jeder einzeln. Es ging also um insgesamt fünf Magenbitter-Runden. Deshalb ist mein Erinnerungsvermögen an den weiteren Verlauf der Diskussion ein getrübtes. Ich weiß nur noch, dass T. Roll nicht zahlen musste, obgleich wir uns über die Auflösung recht ärgerten*.

---

* Alle sieben Kinder, also auch die andere Hälfte, sind Mädchen; sie haben einen blinden Hund.

Spartanische Verse

In Ägypten, in Ägypten,
Lebten streng sie nach Gelübden.
Selbst die Fremdenführa mieden,
Wann es ging, die Pyramiden,
Weil sie glaubten, irgendwo
Warat no a Pharao.
Nur der deutsche Urlaubsgast,
Dem bekanntlich nie was passt,
Ging nicht rechts nach der Sphinx, sondern
- - - geradeaus weiter.
Seither vermisst ihn der Reiseleiter.

In Ghana, in Ghana,
– Is des net zum Wana? –
Kennt mich so guat wie kana.
Do hören's nur Santana.

Beirut, Beirut ...
Ich war noch nie bei Ruth.
Nur einmal, in Bayreuth.
Bayreuth, bei Ruth: bereut.

Auf Gran Canaria, Gran Canaria
Gibt's ka Pest und ka Malaria
Zu beklagen,
Doch andere Plagen:
Viele davon aus Bavaria.

Nach Venedich, nach Venedich
Reis' ich wirklich nur, wenn netich.
Nicht, dass ich jetzt wen beleidich,
Aber an Venedich leid ich.

Deswegen: Venedich meid ich.
Einmal fuhr ich nach Venedich
Als Begleiter einer Hedwich.
Sie war fesch und durchaus ledich,
Doch nicht gnädich.
Ach, was red ich –
Schließlich find Venedich
Bled ich.

Auf Kreta, auf Kreta,
Herrscht öfter schlechtes Wetta.
Ein weit entfernter Vetta
Von mir – er ist Vertreta
Für Colt und für Beretta – ,
Sagt: Kreta, des verschmäht a.
In Spanien aber hätt' a
Alle Meta.
Darauf steht a.

In Samarkand, in Samarkand
Liegt in jeder Kammer Sand.
Staubige Partie!
Dorthin fahr ich nie.

Die Wüste Gobi, die Wüste Gobi,
Die raamt da die Gelüste obi.
Do is zu haaß für olls.
Hingegen, in Hernols
Gibts eine wüste Gabi ...

Die kann ich nur wärmstens empfehlen.

Veronika

Katatoniker sind gute Zuhörer
Und Lakoniker selten Ruhestörer.
Philharmoniker haben Taktgefühl.
Aber Veronika ist kühl.

Mazedonier mögen warmen Sand.
Patagonier stehen auf Feuerland.
Hydroponiker lieben es heiß und schwül.
Aber Veronika ist kühl.

Melancholiker können auch lustig sein.
Alkoholiker trinken nicht immer Wein.
Elektroniker verkabeln die Hinterbrühl,
Aber Veronika bleibt kühl.

Ich bin ganz verwirrt, weil sie mich so brüskiert,
Weil sie nicht reagiert, total unint'ressiert.
Was ich auch probier, nichts erwärmt sich bei ihr,
Will sie, dass ich neben ihr erfrier?

Metallica spielen nie bei „Mei liabste Weis".
Mit Anabolika spielt sich der Tattergreis.
Die Symphoniker spielen im Wienerwald.
Aber Veronika lässt das kalt. Total kalt!

Mathematiker haben Kurvendiskussionen im Bauch
Und Asthmatiker sehr hohen Luftverbrauch.
Bei Punica geht manchmal der Verschluss schwer auf.
Aber Veronika taut nie mehr auf.

Skeptiker machen sich das Leben schwer.
Auch Epileptiker reißt es oft ganz schön her.
Die Ziehharmonika nehm ich überall mit hin.
Aber Veronika bleibt im Gefrierschrank drin.

Apropos ÖBB

Ich liebe die Eisenbahn. Wirklich! Dem Automobilverkehr hingegen gewinne ich immer weniger ab. Es ist ein bisschen wie beim Alpin-Schifahren: an sich nicht gänzlich uninteressant, aber einfach zu viele Unberechenbare auf der Piste.

Mein zweites und vorläufig letztes eigenes Auto war ein Opel Kadett B, übernommen vom damaligen Schwiegervater. Der war so ziemlich das Biederste und Uncharismatischste – der Kadett, nicht der Schwiegervater –, worin man sich fortbewegen konnte; aber günstig. Und recht individuell eingefahren, weil er – der Schwiegervater, nicht der Kadett – den vierten Gang als eine Art Automatik verwendet hatte, also für alle Geschwindigkeitsbereiche zwischen zwanzig Stundenkilometern und der Dauerspitze von hundertfünf (bergab).

Er – sowohl der Kadett als auch der Schwiegervater – tuckerte jahrelang praktisch ausschließlich immer dieselbe Strecke, nämlich vom Wohn- zum Wochenendhaus. Als ich das erste Mal in eine andere Richtung lenkte, erwartete ich instinktiv empörtes Schnauben, Bocken und Sich-auf-den-Hinterrädern-Aufbäumen; aber nix. Er war halt doch kein Ford Mustang und der Schwiegervater kein Cowboy, sondern Frisör. Ansonsten kam ich mit ihm – und ihm – ganz passabel zurecht.

Nur das Wochenendhaus kann ich bis heute nicht nachvollziehen.

Meine Lieben, schimpfen Sie mich Faulenzer, Tagedieb oder Snob, aber unter Urlaub verstehe ich was anderes als Rasenmähen. Da will ich *aus*-spannen, nicht Pflug und Rösslein *ein*-; will bedient *werden*, weil bedient *bin* ich eh alle Tage.

Ja, wenn man sich zwei, drei Handvoll Domizile an hübschen Flecken diverser Erdteile leisten kann, nebst dezentem Gesinde und anderweitigem Pipapo, wie etwa Sir Paul McCartney, das ließe ich mir einreden. Obwohl es ihm – dem Beatle; selbiges gilt allerdings gleichermaßen für meinen B-Kadett* – auch schon einmal besser gegangen ist. Sir Paul schlägt seine Ex-Gattin, liest man, zwar um Längen in der Gunst der britischen Presse, welche Lady Heather als sierige Funzen darstellt. Aber so eine Scheidung ist nie lustig, schon gar nicht, wenn die ganze Welt weiß, dass man sich sein 64. Lebensjahr anders ausgemalt hat.

Nein, danke sehr, muss ich wirklich nicht haben, so ein Wochenendhaus. Summa summarum kostet's mindestens gleich viel wie die Honeymoon-Suite im Luxushotel, nur dass du Hand-, Bade-, Bett-, Lein-, Zier-, Feucht-, Schneuz-, Tisch-, Wisch- und sonstige Tücher selber checken musst. Aber jeder, wie er zu wollen glaubt; klar, Immobilienbesitz hat was für sich, oder zumindest für die Erben. Dass die, kaum wurde dir der Holzpyjama angepasst, die Hütte hurtig abstoßen, versteht sich. Schließlich mussten sie darin Kindheit und Jugend ödest verbremsen, statt endlich einmal anderswohin zu kommen. Welche Tragödien sich in den unzähligen übers sogenannte Weichbild dieses Landes verstreuten Wochenendhäusern abspielen, will ich mir gar nicht vorstellen. Detto Wohnwägen und –mobile. Igitt! Mit Yachten und Learjets können Sie mich ebenfalls jagen.

Was ich hingegen, man wird ja noch träumen dürfen, gern besäße, wäre ein eigener Salonwaggon oder noch besser: Zug. Das hätte Stil!

Jüngst – ein Wort, das aus der Mode zu geraten droht; dabei sollte doch gerade „jüngst" eigentlich nicht veralten können, oder? – Anyway, jüngst erzählte ich einer Speisewagenbekanntschaft, dass in Hamburgs öffentlichen Verkehrsmitteln die Durchsagen von verschiedenen Sprechern und Sprecherinnen, darunter auch Kinder, getätigt werden, was ich für eine sehr nette Idee halte. Just – detto, gell? – in diesem Moment fuhr unser Zug in Meidling ein, übrigens eine halbe Stunde verspätet. Was doch relativ viel ist, wenn man vom Hauptbahnhof kommt. Die Bremsen quietschten, die Koffer purzel-

---

* Kurz war ich versucht, den Opel in einen VW Käfer umzulügen, wegen des lockenden Wortspiels mit „Beetle"; verwarf jenen frevelhaften Gedanken freilich ungesäumt. „Kadett" würde heute auch keiner mehr ein Auto taufen, gell? Das eher limousinöse Modell hieß übrigens „Admiral".

ten und aus den knatternden Boxen ertönte des Schaffners melodisches Organ: „Wiiien-Mädllllinnng, Wiiien-Mädllllinnng ..."

Wir waren gerührt. Und flugs (!) uns einig, dass dieses Beispiel Schule machen sollte. Weg mit dem Einheits-Hochdeutsch, das nur ein überschätzter hannoveranischer Dialekt ist! Wir fordern mehr Lokalkolorit! Native Speakers an die Front!

Nichts gegen die derzeitigen Wiener Tramway-Ansagen, aber ungleich heimeliger klänge doch: „Station Thaliastraße. Du Opfer voll krass flott aufhupfta von Sitzplatz, sobald einsteigt Oma, Fußmaroder oder Angepemperte!".

Stracks – mhm – fielen uns weitere Beispiele ein: „Griass Goutt in Laeioubm! Eanare nextn Aunschlüisse: Stejckdousn ejn da Baunhoufsresti, Ejntanet ejm Café Büxnöiffna."

Oder: „Herzlihh Wiilkoomen in Kloognfuad Haupponhoof. Obfoahd dees Indasiti ‚Einmonnchor Grenzlondstein' nohh Villahh, wonn da grose Zaaga am Annsa und da klaane lei gonds undn iis."

Bevor halb Nordslowenien aufheult: Ich weiß schon, Kärntnerwitze sind unfair. Schließlich sollte das Objekt des Spotts selbigen auch als solchen verstehen können. Sintemal (yep!) einige meiner besten Freunde und Freundinnen aus Kärnten stammen.

Manche wohnen sogar noch dort.

I bin lei a Kantna

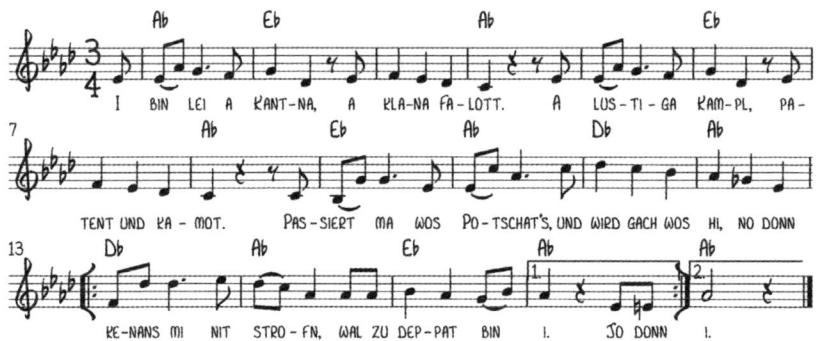

I bin lei a Kantna, a klana Falott,
A lustiger Kampl, patent und kamot.
Passiert ma wos Potschats, und wird gaach wos hi,
No donn kenans mi nit strofn, weil zu deppat bin i.

I hob nix gegn Krowodn, san gstondane Leit.
Worns friara im Kriag, sans im Gschäftslebm heit.
Wia Alpe und Adria, so fein pass ma zsomman.
Ma muass net olls wissn, wos sie domols don hobm.

Üban Berg geht die Sunn auf, üban See waht da Wind.
Übaʼd Bank hob ma olle uns fleißig bedient.
Üba ochtzehn Milliarden hobma locka vasenkt.
I bin lei a ormes Tschopalle, dos si dabei nix denkt.

Wonn da Russ maant, er mechat liaba kantnarisch lebm.
No, do mussa wos spenden, dos is part of the game.
Sowos kennt ondaswo vabotn sein, oba mir is es gleich.
Weil unsa Landl a Oase is, und i bin da Scheich.

Jo, und amol im Joahr, do is scho laut uman See.
Du kumens von übaroll mit de feschesten VW.
Bis auffi auf den Ulrichsberg fohrt der Gummi-Gummi-Zwerg.
Wir tanken Kraft durch Freude, und vom Himmel locht da Jörg.

Als Kantna bist gwohnt, doss di da Steira auslocht.
Jetzt hom aus der Not mir a Tugend gemocht.
Will uns wer belongan, plädier ma auf Unzurechnungsfähigkeit.
Mir san a Lond volla Tokan, und hoftpflichtbefreit.

lei:	nur
Kantna:	Kärntner
klana Falott:	kleiner Gauner
Kampl:	Kerl
kamot:	gemütlich
wos Potschats:	etwas Ungeschicktes
gaach:	eventuell, auf die Schnelle
Krowodn:	Kroaten
zsomman:	zusammen
don:	getan
Tschopalle:	(geistig behindertes) Kind
mechat:	möchte
liaba:	lieber
belongan:	belangen
Toka:	Trottel

Die Roboter kommen!

Vor geraumer Zeit war ich, anlässlich einer Veranstaltung der Europäischen Raumfahrt-Agentur ESA, zu einer Podiumsdiskussion geladen. Dort kündigte ein führender Kybernetiker an, dass schon in Bälde Roboter auf den Markt kommen würden, die in der Lage wären, nahezu fehlerfrei eine Wohnung zu putzen. Ich zog mir einigen Unbill zu, weil ich daraufhin einwarf, ich könne den Sinn dieser Entwicklung nicht erkennen, da ich mit meiner polnischen Putzfrau sehr zufrieden sei und sie ungern arbeitslos sähe.

Es folgte längeres, recht peinliches Schweigen.

In Strem bei Güssing gibt es eine zur Frühstückspension umgewidmete alte Mühle, wo ich einmal aufgetreten bin und wenig später geheiratet habe. Ein Familienbetrieb. Jeden Tag erschien ein anderer Cousin, Schwager oder Firmpate der besten Freundin der Tante des Fahrlehrers der Großmutter des unehelichen Sohns der zufälligen Doppelgängerin der Halbschwester des Besitzers, um das Scheunendach zu reparieren. Oder die Uhudler-Bestände im Kühlschrank aufzustocken. Oder ein Rockkonzert inklusive Striptease-Einlage abzuwickeln („You Can Leave Your Hat On", was sonst); die sich entblätternde Dame, wiewohl unterspickt und sichtlich eine Veteranin diverser Gürtel-Etablissements, hatte mehr Erotik im linken kleinen Zeh als jedes XXX-geratete Video.

Das, meine Lieben, ist für mich das Burgenland: menschlicher Einsatz; gelassen, entspannt, aber wenn nötig, bis zum Abwinken.

Roboter haben da nichts verloren. „Robot" bedeutet ursprünglich im Slawischen „Fronarbeit". Die Burgenländer hingegen sind frei. Und so soll es bleiben.

*

Trotzdem sind die Roboter im Kommen. In japanischen oder US-amerikanischen Labors stehen diverse Prototypen bereits bereit. Innert weniger Jahre wird der weiland von Koll. Qualtinger prophezeite „HIAS-500" serienreif sein – und weit mehr draufhaben als Griaßgouttsagen, blöd grinsen und die Hand aufhalten.

Der Erfolg zahlreicher System-Hotelketten gründet ja jetzt schon darin, dass es die Gäste, insbesondere die häufiger und beruflich Reisenden, sehr schätzen, wenn sie sich auskennen, sprich: alles immer und überall genau gleich aussieht und funktioniert. Man weiß eben selbst in der pittoreskesten Fremde ganz gern, wo die Fernbedienung liegt und wie man die Klospülung betätigt.

Freut euch, Leute: Bald kann die Standardisierung der Chipkarten, Tapetenmuster, Frühstücksbuffets et cetera auch auf die Belegschaft ausgeweitet werden. „REZEPTOR-1000" identifiziert in Sekundenbruchteilen Herkunft, Bildungsgrad, Vorleben und –lieben jedes und jeder Nächtigungswilligen, redet Sie also nicht nur in Ihrer Muttersprache, sondern gerade so amikal-unterwürfig an, wie Sie es mögen – und, falls Sie auch nur ein einziges Mal vorher irgendwo auf der Welt in einem Schuppen dieser Kette eingecheckt haben, mit vollem Namen und Titel. Das schmeichelt dem Ego. Flugs kommt ein heimeliges Gefühl auf: Urlaub bei Freunden – und zwar ganz egal wo wir hinfahren, immer bei den selben.

Wie meinen? Was murmeln? „Datenschutz"? „Gläserner Mensch"? – A geh! Erstens haben Sie sowieso nichts zu verbergen, ODER?

Zweitens sorgt die relative Gewissheit, bei den Leuten in den Nebenzimmern verhalte es sich ebenso, für ein sanftes Ruhekissen. Außerdem wacht REZEPTOR über Sie. Der macht garantiert kein Auge zu, sondern bleibt auch in der Nacht alert, höflich und nüchtern, ganz im Gegenteil zum Gros der menschlichen Nachtportiere.

Weiters braucht man sich vor einem Roboter nicht zu genieren. Es entfällt also die Peinlichkeit beim Bezahlen sämtlicher Schnapsfläschchen aus der Minibar.

Freilich wird das Angebot an, äh, Freizeitgestaltung für Einbettzimmerinsassen nicht darauf beschränkt bleiben. „DORLI" und „RONALD", tagsüber als elektronisch-hydraulische Kinderbetreuer auch von der lästigsten Geschrappe nicht aus der Ruhe zu bringen, lassen sich abends mit wenigen Handgriffen zu „DOLLY" und „ROD" umrüsten und stehen dann, gegen einen durchaus erschwinglichen

Aufpreis, ebenso unermüdlich den Erwachsenen zur Verfügung. Programm-Software für ausgefallenere Geschmäcker gibt's ab der Viereinhalbsternkategorie in der hauseigenen Mediathek.

Das Allerbeste aber, meine Lieben: Nie wieder werden wir uns mit der Frage abquälen müssen, ob und wie viel Trinkgeld angebracht wäre. Und auf den lächerlichen Einwand, was denn dann all die ge-kün…, pardon: freigesetzten Gastgewerbler machen sollen, antworten wir im Stile Marie Antoinettes: „Auf Urlaub fahren natürlich!"

*

Gleichermaßen kurz vor dem globalen Durchbruch steht RFID. Mit dieser Abkürzung bezeichnet die IT-Branche kleinwinzige, praktisch überall aufklebbare Chips, die zum Beispiel den Inhalt des Einkaufswagerls an die Supermarkt-Bankomatkasse funken („Radio Frequency Identification"). Schon ein bissl unheimlich, jedoch auch eine von notorischen Reisegepäcks-Vergessern wie mir sehnlichst erwartete Wohltat. Nämlich als …

„Radar Für Imbezile Dalasser": Nie mehr bleibt der Knirps im Flieger, der Kulturbeutel im Badezimmer, der Führerschein im Handschuhfach des Leihwagens zurück – weil die entsprechenden Chips rechtzeitig Alarm schlagen, dass das Handy nur so trillert[*]. Der gemeine Taschen-, Trick- oder Einschleichdieb wird sich ebenso um eine neue Profession umsehen müssen wie die meisten Supermarktkassiererinnen. Sorry, aber so ist das nun mal im Turbokapitalismus. Sie können ja immer noch mit IT-Aktien spekulieren.

Jedenfalls stehen uns und dem Fremdenverkehrswesen zahlreiche weitere segensreiche Anwendungen dieser Technologie bevor. Da wäre einmal der …

„Reise-Führer-Index-Dienst": Sämtliche geplagten Tourguides zwischen Akropolis und Zulusee werden Ihnen bestätigen, dass sie mindestens neunzig Prozent ihrer Zeit und Nerven dafür verplem-

---

[*] Für den äußerst unwahrscheinlichen Fall, dass man das Handy liegen lässt, sind zwei bis fünf Ersatzgeräte mitzuführen.

pern, die jeweilige Herde von hinterherstolpernden Hirnverbrannten beisammen zu halten. Einer schweift zum Eisverkäufer ab, die zweite trödelt am Souvenirstand herum, der dritte verirrt sich im Toilettenbereich ... Bald aber kriegt jedes Schäfchen einen Ansteckbutton beziehungsweise – bei Minderjährigen oder US-Amerikanern – ein unverlierbares Armbändchen mit Chip verpasst, et voilà!, schon ist es ein Leichtes, allezeit und allerorts den Überblick zu wahren. Für schwere Fälle wird gerade ein Zusatzmodul entwickelt, welches bei Entfernung von der Gruppe, sprich: Überschreitung einer gewissen Distanz zum Hauptfeld, einen erzieherischen mittelschweren Stromschlag versetzt.

Selbiges wirkt auch Wunder in Kombination mit dem ...

„Runter-Flieg-Idioten-Detektor": Oh atmet auf, wackere Bergrettungsvereinsmitglieder von Aflenz bis Zermatt! Wenn erst die Superchips sowohl in den Wanderwegmarkierungen integriert sind als auch in jenen Seppelhut-Abzeichen, die sich bei Halbschuhtouristen großer Beliebtheit erfreuen, werden nächtliche Sucheinsätze kaum mehr nötig sein und falls doch, bedeutend schneller von Erfolg gekrönt. Und ihr könnt endlich wieder zur Sennerin fensterln gehen (aber gebt acht, dass euch die Gattin keinen Funkchip in die Lederhose schmuggelt).

Vor missbräuchlicher Verwendung warnen auch die ewigen Schwarzseher vom Konsumentenschutz. Sie fürchten ...

„Ruinöse Fallen In Disneyland": Vergnügungsparks, Erlebniswelten und Ferienclubs von Arizona bis Zeiselmauer werden zwischen Achterbahn und Zoo eine Fülle von Lustbarkeiten anbieten, für die keine Eintrittskarten gelöst werden müssen – weil der Masterchip eh alles registriert. Detaillierte Rechnung und böses Erwachen kommen erst beim Auschecken, wenn die drei Worte, die man mit dem Barkeeper gewechselt hat, als psychotherapeutische Konsultation verrechnet sind, der Luftballon, den sich das Balg in die Hand hat drücken lassen, als mundgeblasene Designer-Skulptur, und der unkomplizierte Urlaubsflirt ...

Je nun, meine Lieben, wo die Sonne scheint, wirft sie halt auch Schatten. Und was nicht irgendwem schadet, nützt keinem.

Chip ahoi!

Oho, sieh mal einer an, ich habe Gesellschaft bekommen. Dürfte kurz ein wenig eingenickt sein. Ein herzliches Grüß Gott, junger Mann! Nein, nein, bleiben Sie liegen, Sie sind gewiss ebenso müde von der Untersuchung wie ich. Und die Narkose wird auch demnächst zu wirken beginnen. Dann haben wir's endlich hinter uns, gell?

Pardon, ich vergaß, mich vorzustellen. Thilotto von Lothring mein Name. Nie gehört? Verstehe. Sie bewegen sich wohl nicht in höheren Adelskreisen? Nun, muss ja nicht jeder. Soll auch gar nicht, haha. Wo kämen wir denn da hin? Ohne Volk kein Adel. Oder, wie ich immer sage: Ein Palast wirkt um so prunkvoller, je schäbigere Hütten drum herumstehen. Rein metaphorisch gesprochen, versteht sich.

Darf ich fragen, wie Sie heißen? Aha. Sehen Sie, das sagt jetzt wieder mir nichts. Wir sind einander gänzlich unbekannt. Gleichwohl hat uns das Schicksal in diesem kleinen Zimmer zusammengeführt. Wie das Leben so spielt, gell?

Bei mir war genau genommen meine Gattin die treibende Kraft. Die Baroness, das Goldstück. Will immer nur mein Bestes, die süße Ermengilda. „Liebster Thilotto", hat sie gesagt, „da gibt es jetzt eine neue Erfindung, die ist wie maßgeschneidert für dich. Wo du dich doch immer so ärgerst über die Umständlichkeiten im Zahlungsverkehr und die komplizierten Prozeduren der personellen Identifikation. Ich kann's nicht mehr mitansehen", hat sie gesagt, „wie du dir jedesmal wieder deinen unvergleichlichen Charakterkopf zermarterst, weil dir nicht einfallen will, wo du deine Schlüssel liegengelassen hast. Oder deine Geldbörse. Die Kreditkarten. Die Mitgliedsausweise für deine Klubs. Und und und. Ein dermaßen geniales, für Großes geborenes Hirn wie deines", hat sie gesagt, „sollte verschont bleiben von solchem Kleinkram." Und da hab ich ihr natürlich nicht widersprochen.

Allein wie mich mein Buchhalter immer quält wegen der Rechnungsbelege. Horribel, sage ich Ihnen, junger Mann. Da kriegt man, zum Exempel, spontan Lust, sich zwischendurch, weil einem halt gerade danach ist, flugs mal eine neue Limousine zu kaufen – und dann dauert die finanzielle Abwicklung bald länger als das Zusammenschrauben des ganzen Wagens! Schrecklich, wie einen so etwas inkommodiert. Man hat seine Zeit schließlich nicht gestohlen, gell? Naja. Ab morgen ist jedenfalls Schluss mit dem Papierkram. Herrlich. Ein dreifaches Hurra den Segnungen der Technik!

Ich bin jetzt zwar, unter uns gesagt, nicht direkt ein Freund der kybernetischen Chirurgie. Doch dafür, dass ich mit all dem Firlefanz nie mehr Scherereien habe, lege ich mich gern unters Messer, das dürfen Sie mir glauben. Zumal mir Ermengilda, mein Augenstern, versichert hat, dass diese Klinik absolut vertrauenswürdig ist. Sie war selbst schon öfter hier, anlässlich kleinerer kosmetischer Verbesserungen. Obwohl sie es wahrlich noch nicht nötig hätte. Zählt grade einmal halb so viele Lenze wie ich, die Guteste. Aber Sie kennen ja das Weibsvolk. „Ach Thilotto", hat sie gesagt, „das tu ich doch alles nur für dich, mein Schnäuzelbärchen. Die Schönste von allen will ich sein", hat sie gesagt. „Das Beste sollst du haben", hat sie gesagt, „denn nur das ist gut genug für dich." Und da hab ich ihr natürlich nicht widersprochen.

Ah, sehen Sie, junger Freund, Sie fangen auch bereits an zu gähnen. Das wird die Spritze sein. Schon erstaunlich, dass der ganze Eingriff in so kurzer Zeit erledigt ist, gell? Wochenlang wartet man auf den Operationstermin, und dann geht's über Nacht ruck-zuck! Spätestens morgen Mittag werden wir wieder entlassen. Mit dem famosen Chip in der Schläfe, auf dem alles gespeichert ist, alle persönlichen Daten, alle relevanten Zahlen, einfach tutto completto, wie der Franzmann sagt. Und selbstredend ist auch ein Sender eingebaut, wegen der Vernetzung. Chip ahoi!

Wie Zauberei geht das: Du steigst ins Auto und das Schlosstor öffnet sich. Betrittst den Klub, derweil schenkt oben der Barkeeper schon den Portwein ein. Besorgst ein Mitbringsel für die Frau Gemahlin – nichts Großes, eine Füllfeder mit einem Brillanten darauf oder etwas in der Art – und alles wird sofort abgerechnet, zack!, ist es schon verbucht, als Betriebsausgabe oder karitative Spende, was weiß ich. Will ich gar nicht wissen – und brauche ich nie mehr zu wissen.

Wundervoll, gell?

„Vor allem aber, Thilotto, mein Dickerchen", hat Ermengilda gesagt, „werde ich via Vernetzung ständig über deinen Aufenthaltsort informiert sein. Kann mir meine Zeit noch perfekter nach dir einteilen", hat sie gesagt, „weil ich immer auf den Quadratmeter genau weiß, wo du bist und wann du nach Hause kommst. Ist das nicht praktisch? Und auch in Hawaii wirst du keinen einzigen Schlüssel oder Ausweis brauchen, obwohl dich dort niemand kennt. Noch. Aber dein Chip", hat sie gesagt, „identifiziert dich augenblicklich, er kündigt dich hundert Meter im Voraus an, sodass jedermann, den's angeht, sofort weiß: Hier kommt er, Baron Thilotto von Lothring, das Prachtstück der feinen Gesellschaft, die Krone der Schöpfung; leer ist sein markanter Glatzkopf von des Alltags Widrigkeiten, frei für Höheres, wie es dem Edelmann geziemt, Fuchsjagd, Pferderennen, Sherry-Degustation ..."Und da hab ich ihr natürlich nicht widersprochen.

Jaja, Hawaii. Da werden wir jetzt hinziehen, wissen Sie; zumindest einmal für den Winter.

Ich war, unter uns, zuerst gar nicht so begeistert von der Idee. Kenne dort, wie erwähnt, keine müde Menschenseele. Ermengilda hat mich dann davon überzeugt, dass es auf Waikiki massenhaft tadellos hervorragende Klubs gibt. Ist schließlich ein Königreich, gell? „Das Klima wird deinen Schweißfüßen guttun, Thilotto, mein Schnarchhäschen", hat sie gesagt, „und wenn du deine Bridge-Runde vermisst, laden wir sie eben ins neue Landhaus ein. Oder du jettest einfach selber für ein paar Tage über den großen Teich." Geht ja nunmehr ganz flott, und ohne jeden Aufwand.

Nämlich, mit dem Chip erspare ich mir logischerweise die Eincheckerei, die Sicherheitskontrollen und so weiter. All das, was einem bislang die Fliegerei vergällt hat. Und nicht zuletzt die vielen verschiedenen Währungen. Igitt. Jedoch: Ab sofort kein Problem mehr! Man muss nur, wurde mir erläutert, klar und deutlich denken,

„Ja, ich will das erwerben!" – bumsti, schon ist die Transaktion vollzogen, egal, ob in Dollar, Euro oder Kauri-Muscheln, haha. Damit ist jeglicher Missbrauch ausgeschlossen. „Und wer", hat Ermengilda gesagt, „könnte klarer und deutlicher denken als du, mein Geistesriese, mein Fürzchentrommler, mein angebeteter Thilotto?"

Da hab ich ihr natürlich nicht widersprochen.

Aber ich rede und rede und Sie kommen gar nicht zu Wort, junger Freund. In welcher Branche betätigen nun Sie sich, wenn ich fragen darf?

Soso. Schauspieler sind Sie. Mit Verlaub, ähem: Ist das nicht eher ein Hungerleiderdasein? Rein metaforisch gesprochen, versteht sich. Haha.

Na, muss es auch geben. Ich persönlich interessiere mich, wenn ich ehrlich bin, weniger für Kunst. Tischkultur: ja. Also, hübsche Flaschen und deren Inhalt. Ermengilda hingegen, meine Angetraute, die hat Sie sicher schon bewundert. Ist geradezu verrückt nach Ihresgleichen, das gute Kindchen. Wo genau, äh, spielen Sie Schau, mein Freund?

Im Coliseum! Na bitte. Da läuft meine Holdeste mindestens drei Mal die Woche hin! Und dabei dauern die Vorstellungen so lang, hat sie mir erzählt, oft bis weit nach Mitternacht. Ganz schön anstrengend, was? Zahlt sich das denn überhaupt aus?

Kein Beruf, sondern eine Berufung. Verstehe. Das haben Sie jetzt schön gesagt. Mein lieber junger Freund und Zimmergenosse, bitte verzeihen Sie meine Neugier, ich will auch wirklich nicht indiskret sein, jedoch – wie finanzieren Sie sich eigentlich diese Operation? Ich meine, der Chip und das ganze Drum und Dran, das kostet eine schöne Stange Geld, gell? Für mich ein Klacks, aber für Sie ...? Was?

Oh.

Bumsti.

Muss gestehen, ich bin bissel perplex. Verurteilt, sagen Sie? Wegen Hochstapelei. Na sowas! Weil Sie sich für einen Aristokraten ausgegeben haben. Ts, ts, ts. Und der Richter hat Sie vor die Wahl gestellt, entweder Kerker oder der Chip. Mit dem Sie ab morgen weltweit gebrandmarkt sind. Damit niemand mehr auf Sie hereinfallen kann. Also, das hätte ich jetzt nicht gedacht. So ein netter, sympathischer, gutaussehender junger Mann. Und dann ...

Klar, unserer Staatenunion kommt das günstiger als Einsperren. Verstehe den Gedankengang vollkommen. Wenn Sie sich selber verköstigen und beherbergen, fallen Sie dem Gemeinwesen nicht zur Last. Das leuchtet ein. Der Chip ist allemal billiger als die Gefängnis-Fazilitäten und das Bewachungspersonal. Umgekehrt wird es Ihnen auch lieber sein, wenn Sie weiterhin ungesiebte Luft atmen können, gell? Rein metaphorisch gesprochen, versteht sich. Andererseits, in gewisser Weise sind Sie geradezu ein Glückspilz. Das, wofür ich teuer bezahle, bekommen Sie von der öffentlichen Hand geschenkt, gratis und taxfrei.

Wie meinen? „Frei" sei vielleicht nicht ganz die richtige Wortwahl?

Haha.

Schön, dass Sie es mit Humor nehmen.

Uah ... Entschuldigung. Beginne die Narkose zu spüren. Wird jetzt nicht mehr lange dauern, denke ich. Bald wird uns die Schwester holen. Und in Zukunft wird nichts mehr so sein, wie es früher war ... Tut mir leid für Sie, junger Mann. Spreche Ihnen mein vollstes Mitgefühl aus. Freilich, Sie haben es sich selbst zuzuschreiben. Man sollte schon wissen, wo sein Platz in der Gesellschaft ist. Aus der Hütte in den Palast, das gibt's höchstens am Theater. Und bei Licht betrachtet, Ihrereiner wäre dafür auch gar nicht erzogen. Essen Schauspieler überhaupt mit Messer und Gabel?

Ah doch. Na immerhin.

Warm hier drin, gell? Lockern Sie ruhig ihr Hemd, mein Freund, tun Sie sich keinen Zwang an!

Pardauz, jetzt ist Ihnen etwas runtergefallen. Da liegt's, beim Fußende des Bettes. Aber schon unglaublich, was es oft für Zufälle gibt, nicht wahr? Die haargenau gleiche Füllfeder hab ich meiner teuersten Ermengilda verehrt. Muss bei nächster Gelegenheit mit diesem Schlitzohr von Juwelier ein ernstes Wörtchen reden. Von wegen unverkennbares Einzelstück! Die Kerle betrügen einen nach Strich und Faden, wenn man nicht aufpasst wie ein Haftelmacher. Was sich meine Gattin schon alles hat andrehen lassen ... Manchmal denke ich, sie ist schlichtweg zu gut für diese Welt.

Ihr Geschlecht hat, unter uns, viel durchgemacht. Ausgedünnt wäre ein Hilfsausdruck, haha. Blaublütig kann man die Familie beim besten Willen nicht mehr nennen. Deswegen war meine Mutter ja schärfstens gegen die Verbindung. Aber ich habe mich durchgesetzt. Der Erbe bin schließlich immer noch ich. Und habe ich's bereut? Nicht eine einzige Sekunde, in all den Monaten. Wenn Sie mein Ermengildchen kennten, wie ich sie kenne ... Dieser Liebreiz! Diese hündische Treue! Diese an Dankbarkeit grenzende Unterwürfigkeit ...

Ah, da kommt die Schwester.

Ein herzliches Grüß Gott, gute Frau. Jetzt wird's ernst, gell?

„Haha."

Wie meinen?

Nein. Hopperla, da liegt offenbar ein Irrtum vor. Ich bin Thilotto von Lothring. Der andere.

Nein! Wenn ich es Ihnen doch sage, Schwester. Obgleich mir das Sprechen mittlerweile recht schwerfällt. Der Delinquent, das ist dieser hier, auf der anderen Liege, der mit dem schwachsinnig breiten Grinsen im Gesicht. Ich für mein Teil bin der reichste Mann des Landes, das Prachtstück der feinen Gesellschaft, die Krone der Schöpfung. Ich könnte Ihre ganze Klinik kaufen mit einem einzigen Augenzwinkern, und wenn sie eine Trillion Euro kostete. Ab morgen Mittag brauche ich nur noch zu denken, „Ja, ich will das erwerben!" – ruck-zuck, gehören Sie mir. Und zwar nicht bloß rein metaphorisch, damit wir uns richtig verstehen, gell?

Junger Mann, bewahren Sie bitte die Contenance. Halten Sie sich zurück. Wer hat Ihnen erlaubt, sich einzumischen? Was soll das: „Solche Sprüche sind typisch für Hochstapler wie ihn?"

NEIN!

Schnallen Sie mich sofort wieder los, Schwester! Sie begehen einen Fehler! Sie stehen im Begriff, uns zu vertauschen! Haha, sowas kann doch wohl gar nicht passieren, oder?

Ja, sind Sie denn schwerhörig?

NEIN! HILFE! HILFEEE...

Halt, ich weiß was. Rufen Sie sofort meine Frau an, Schwester. Gleich hier mit meinem Handy. Kurzbefehltaste Nummer eins. Ja, genau. Die Baroness. Lassen Sie sich von ihr eine Beschreibung meiner Person geben. Das wird die Verwechslung aufklären.

Na also. Was sagt sie? „Groß, gut gebaut, blondgelocktes Haar, jugendlich wirkend." – Gut, das mag eventuell ein klein wenig beschönigend sein, aber Liebe macht nun mal ...

Hallo?

Ich kann nur mehr verschwommen sehen. Wie durch Nebel. Bin so müde. Das Bett fährt los. Also wirklich, ich muss schon sagen, junger Mann – dass Sie die Verhältnisse nicht richtigstellen, enttäuscht mich ein wenig. Unter, äh, uns.

Aber anstatt mich zu rehabilitieren, flüstern sie bloß, während ich an Ihnen vorbeirolle: „Sorry, Kumpel. Ermengilda meinte, so rum sei es einfach die bessere Besetzung. Und da widerspreche ich ihr natürlich nicht."

Lebenslänglich

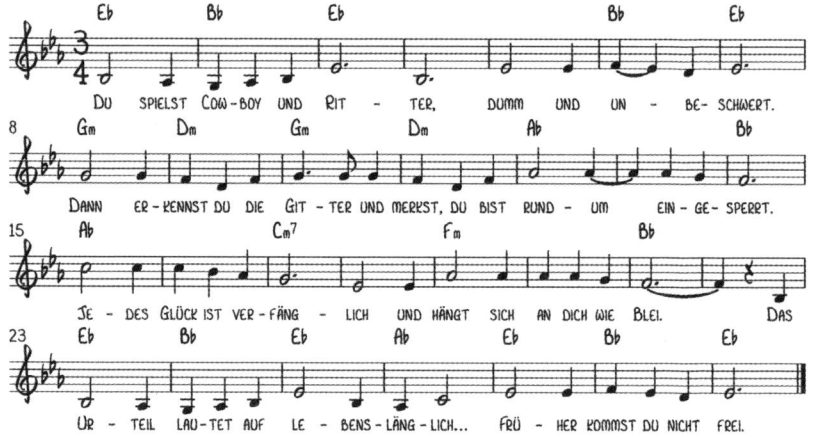

Du spielst Cowboy und Ritter, dumm und unbeschwert.
Dann erkennst du die Gitter und merkst,
Du bist rundum eingesperrt.
Jedes Glück ist verfänglich und hängt sich an dich wie Blei.
Das Urteil lautet auf lebenslänglich …
Früher kommst du nicht frei.

Schön wär's, könnten wir fliegen zu den Sternen empor.
Ferne Welten besiedeln, jeder nach eigenem Humor.
Jedoch der Himmel ist unzugänglich. Uns bleibt nur der eine Planet.
Das Urteil lautet auf lebenslänglich …
Früher kommst du hier nicht weg.

Man lernt, sich zu arrangieren, zu dulden Arbeit und Pflicht,
Und überschwänglich sich zu amüsieren, als wär kein Ende in Sicht.
Denkst du daran, wird dir bänglich. Du fühlst dich noch nicht bereit.
Das Urteil lautet auf lebenslänglich … Danach ist immer noch Zeit.

1973 verbrachte ich wegen einer Blinddarmentzündung mehrere Wochen im LKH Voitsberg. Mehrere Wochen deshalb, weil bei der Operation ein Tupfer vergessen worden war; was die Ärzte erst bemerkten, nachdem sich ein hühnereigroßes Bauchdecken-Abszess gebildet hatte.

Aber selten ein Schaden, wo kein Nutzen. Meine Mutter konsultierte, um mich mit Lesestoff zu versorgen, den örtlichen Trafikanten, verweigerte allerdings „Comics, damit ist der Bub so schnell fertig". Herr Fuchs empfahl ihr einen Heftroman der Serie „Perry Rhodan" – und hätte sich wohl nicht gedacht, dass er damit meinen Lebensweg entscheidend beeinflussen würde.

Fast drei Jahrzehnte später lud der Chefredakteur der nämlichen Serie, Klaus Frick, mich ein, einen Gastbeitrag zu verfassen (mein Romanerstling, „Wiener Blei", hatte es auf die Auswahlliste zum „Deutschen Science Fiction"-Preis geschafft). Ich fühlte mich ungefähr wie jemand, der mit 14 glühender Beatles-Fan war und mit 41 einen Anruf von Paul McCartney erhält, ob er nicht auf dessen nächster CD mitspielen möchte.

Seither habe ich rund hundert Perry Rhodan-Romane geschrieben. Und 2008, für die Hörbuch-CD-Beilage zu einem Sonderheft, die folgende Kurzgeschichte, die hier erstmals in gedruckter Form erscheint. Da Hören für mich untrennbar mit Musik verbunden ist, habe ich dazu auch eine Reihe kurzer Instrumentalstücke komponiert und mit den bescheidenen, mir zur Verfügung stehenden Mitteln eingespielt.

Ich sag's gleich: Einige klingen ziemlich schräg. Es würde mich sehr freuen, wenn Sie, werte Leserinnen und Leser, trotzdem das Wagnis eingingen, Ihre Lektüre der Story damit zu untermalen (am besten per Kopfhörer). Sie finden sie unter dem Link https://soundcloud.com/lukasleo bzw. mittels des unten stehenden QR-Codes. Die Nummern entsprechen jenen der Zwischentitel.

Robotermusik

1 – Intro

Perry Rhodans Eintreffen, ich sollte wohl besser sagen: sein *Erscheinen* löste einen ungeheuren Wirbel aus.

Kein Wunder – auch gegen Ende des fünften Jahrtausends alter Zeitrechnung ist es keineswegs alltäglich, dass jemand plötzlich, von einem Augenblick zum anderen wie aus dem Nichts *entsteht*, schlagartig körperlich wird, nicht in Form einer Holografie oder Materieprojektion, sondern real, fühlbar *da ist*. Der leichte Wind, verursacht durch die Luftverdrängung, lenkte die allgemeine Aufmerksamkeit noch zusätzlich auf Rhodan und seinen Begleiter beziehungsweise Beförderer, den Mausbiber Gucky. Für einen Moment erstarben alle Gespräche. Nicht wenigen der Umstehenden klappte die Kinnlade nach unten und sie staunten wie vom Donner gerührt.

Mir hingegen gelang es, kühl zu bleiben. Freilich besaß ich einen Informationsvorsprung, war mir doch unmittelbar davor per Funk mitgeteilt worden, dass sich der Terranische Resident direkt aus seinem Raumschiff hierher teleportieren lassen würde. Von besagtem Gucky – weshalb mich auch dessen Auftauchen nicht so aus der Fassung brachte wie die übrigen Anwesenden.

Dafür verbarg Perry Rhodan nur unzureichend seine Überraschung, ausgerechnet von *mir* hier in Empfang genommen zu werden. Wir waren uns nie persönlich begegnet, aber mein Gesicht kannte er natürlich. „Dulsön Tahiter?", fragte er ungläubig, nachdem ich ihn im Namen der Whistler Company willkommen geheißen hatte.

„Wie er leibt und lebt", gab ich zurück. „Man hat mich beauftragt…" Ich kam nicht dazu, ihn über die Hintergründe aufzuklären, denn nach einer Schrecksekunde brach jetzt ohrenbetäubender Lärm los.

Hektisch bildeten Sicherheitskräfte einen Kordon, um Rhodan, mich und Gucky vor den Demonstranten abzuschirmen. Die verschiedenen Gruppierungen intensivierten ihre Bemühungen, Aufmerksamkeit zu erregen und möglichst viele Kameras auf sich und ihre jeweiligen grellbunt blinkenden Holo-Transparente zu ziehen. Gleichzeitig versuchten sie, die Projektionen der Konkurrenz zu stören oder zu überlagern, wodurch die Parolen einander teilweise auslöschten. Nur Bruchstücke blieben lesbar: hier ein knallrosa „GLEICHES RECHT FÜR ...", da ein golden flammendes „... VERSEUCHUNG, NEIN DANKE!", dort ein azurblau schillerndes „... TOPPT DIE ROBO..."

Mit den Sprechchören verhielt es sich ähnlich. Die Fraktionen überschrieen einander bis zur völligen Unverständlichkeit. Außerdem jubelten viele dem Mausbiber, dessen Kommen ja nicht angekündigt worden war, spontan begeistert zu, während ihm von einer umso wütenderen Minderheit Pfiffe und Buhrufe entgegenschlugen. Dies wie jenes quittierte er mit Kusshändchen, was den Tumult noch weiter steigerte.

Mich zu Perry Rhodan hinabbeugend, erklärte ich: „Der Whistler Company war klar, dass sich diese Leute so aufführen würden. Trotzdem hat man ihnen die Teilnahme gestattet. Sonst hätten prominente Sympathisanten gegen den Ausschluss der Öffentlichkeit protestiert. Und das wäre fürs ohnedies angekratzte Image des Konzerns erst recht schädlich."

Der Terranische Resident nickte. Wahrscheinlich dämmerte ihm bereits, warum man just mich auserkoren hatte, diese Feierlichkeit abzuwickeln. Kaum jemand stand weniger im Verdacht, sich von den üblichen Schönfärbereien der Firma Whistler einlullen zu lassen, als Dulsön Tahiter, der unbestechliche Reporterfuchs, die kritische Stimme der galaktischen Vernunft.

„Treffpunkt Zukunft" wurde, ein wenig hochtrabend, sowohl diese Veranstaltung genannt als auch der Ort, an dem sie stattfand. Wir befanden uns auf einem Irrläufer-Asteroiden im interstellaren Leerraum der Milchstraße; zwar auf Hoheitsgebiet der Liga Freier Terraner, jedoch fernab häufig frequentierter Schifffahrtsrouten. Etliche Journalistenkollegen, deren Raumyachten oder Übertragungs-Beiboote in den umliegenden Kratern geparkt waren, hatten weite, viele Tage oder sogar Wochen dauernde Reisen auf sich genommen, um live dabei sein zu können. Aber für diese Strapazen würden sie mehr

als entschädigt werden. Wir hatten ein Spektakel vorbereitet, das die kühnsten Erwartungen übertreffen sollte.

Durchs allmählich etwas schwächer werdende Tohuwabohu geleitete ich Perry Rhodan und den Mausbiber zur Bühne. Sie war auf dem Scheitel eines sanften Hügels errichtet worden, sehr effektvoll platziert: Es gab keine Rückwand, stattdessen breitete sich hinter dem unsichtbaren Prallfeldschirm das funkelnde, aus Milliarden von Sternen bestehende Band der Milchstraße aus. Einige Dutzend Sonnen leuchteten deutlich heller. Erst auf den zweiten Blick erkannte man, dass sie zusammen das stilisierte Whistler-Logo bildeten.

Wir nahmen auf dem Podium Platz, neben Corela Magnusson, der Vorstandsvorsitzenden des Konzern-Konglomerats, ihrem Pressesprecher Sid Singlar und dem Unither Traubül, von dem später gezwungenermaßen noch ausgiebig die Rede sein wird. Ich winkte besänftigend mit den Armen und erreichte immerhin, dass der Lärmpegel nachließ. Eine Frauenstimme kreischte noch: „Weg mit dem Rüsselmonster!", dann legte sich ein Akustik-Dämpfungsfeld übers Auditorium, und endlich kehrte Ruhe ein.

Leider nur kurz. Denn der Festakt begann mit der Firmenhymne der Whistler Company.

2 – Whistlemania

Als auch das ausgestanden war, sagte Corela Magnusson: „Ich wünsche euch allen einen guten Tag und bedanke mich herzlich dafür, dass ihr uns die Ehre erweist. Ganz speziell danke ich dem Terranischen Residenten, der trotz seines dicht gedrängten Terminplans Zeit erübrigen konnte."

Umschwirrt von schwebenden Mikrofonringen aller bedeutenden Massenmedien der Galaxis, erwiderte Perry Rhodan den Gruß und fügte an: „In der Tat leide ich nicht unter Beschäftigungsmangel, das dürft ihr mir glauben. Zudem fällt die feierliche Inbetriebnahme einer neuen Roboterfabrik der Whistler Company eher ins Ressort des Wirtschaftsministeriums. Doch unter den gegebenen, besonderen Umständen ... Ich hoffe, ihr vergebt mir, dass ich eigenmächtig meinen lieben Freund Gucky beigezogen habe, um zumindest die Transportwege abzukürzen."

Wieder spaltete sich das Publikum in einen größeren Teil, der applaudierte, und vereinzelte Fanatiker, die ihren Unmut ausdrückten. Wir auf dem Podium hörten nichts davon, wegen des Dämpfungsfeldes. Wir sahen nur die klatschenden Hände, geschwungenen Transparente und aufgerissenen Münder.

Dennoch sah ich den Zeitpunkt gekommen, meine Person ein wenig mehr in den Vordergrund zu rücken. Ich sprang auf, hieb mit der Faust gegen das Pult, dass es erzitterte, und rief: „Haltet die Schnauzen, Kinder! Ihr kommt schon noch dran."

„Geflügelte Worte", sagte leicht indigniert Sid Singlar, der Pressesprecher, nachdem die Unruhe abgeklungen war. „Ich brauche euch den Mann wohl nicht extra vorzustellen, dem ich gerade das Wort übergeben wollte, der es jedoch bereits selbst in bewährter Manier an sich gerissen hat: Dulsön Tahiter, Chefreporter, Anchorman und Eigentümer des kleinen, aber bekannt unfeinen Senders Zorro-TriVi!"

Ich deutete eine Verneigung an und ließ dabei meinen Blick über den Zuschauerraum schweifen. Optimistisch geschätzt hielten sich die Gesten der Anfeuerung und der Ablehnung in etwa die Waage. Nun, sollten mir die Kerle ruhig den Stinkefinger zeigen! In Bälde würde sich ihr Bild von mir ganz gewaltig ändern.

„Ich weiß, nicht alle hier lieben mich abgöttisch", sagte ich. „Mag auch sein, dass man dem Fuchs-Funk nicht unbedingt übermäßige Seriosität unterstellt. Geschenkt! Jedenfalls behauptet sicher niemand, dass ich den hier oben Thronenden jemals in den Hintern gekrochen wäre, oder? – Eben. Ihr könnt also darauf vertrauen, dass ich den Whistler-Typen und ihren unsterblichen Kumpels kräftig auf den Zahn fühlen werde, ungeachtet des hübschen Sümmchens, das sie für meine Mitwirkung berappen."

Spätestens jetzt hatte ich die volle Aufmerksamkeit des Publikums. Ich nutzte sie, um den weiteren Ablauf zu erklären. Zuerst sollte die neue Fabrik in ihren Grundzügen präsentiert werden.

Dann kam eine Pressekonferenz, in deren Rahmen auch die Vertreter der verschiedenen demonstrierenden Organisationen ihre Argumente vorbringen konnten und zum Schluss würden Rhodan, ich und der Mausbiber einen Rundgang durch die gesamte Industrieanlage absolvieren, begleitet von Live-Kameras. Diese letzte Ankündigung schlug ein wie eine Bombe.

Traubül, der Unither, hob seinen Rüssel, um sich mir in Erinnerung zu rufen. Ich ignorierte ihn. „Viele argwöhnische Stimmen", sagte ich, „ darunter die meinige, haben der Whistler Company in der Vergangenheit übertriebene Geheimniskrämerei vorgeworfen. Es stellt also eine kleine Sensation dar, dass sie uns heute Einblick in ihr unlängst fertiggestelltes Schmuckkästchen gewähren. Ihr habt richtig gehört, Kinder – sogar mir, dem unbestechlichen Fuchs, und der hat bekanntlich scharfe Augen, denen selten eine Schweinerei entgeht." Ich gab Singlar das Signal, dass nun wieder er dran war, und setzte mich hin.

Der Pressesprecher, ein klassischer Aal im Anzug, räusperte sich. „Inzwischen dürfte klar geworden sein", sagte er, „wie sehr uns daran gelegen ist, die jüngsten, teils recht lautstark geäußerten, gegen die Traditionsfirma Whistler gerichteten, absolut ungerechtfertigten Vorwürfe auszuräumen. Warum sonst sollten wir einen unserer schärfsten Kritiker für eine Führung durch die neue Fabrik engagieren? Zuvor aber möchten wir euch einen Film darüber zeigen."

Die folgende, schamlose Selbstbeweihräucherung überspringe ich, okay? Es ist ja alles dutzendfach dokumentiert und kann bei Bedarf in den minuziösen, im Anschluss an die Katastrophe abgefassten Protokollen nachgelesen werden. „Treffpunkt Zukunft" blieb schließlich intakt, sehr im Unterschied zu ... Aber ich will nicht vorgreifen.

Jedenfalls, nach dem aufwändig gestalteten Propagandastreifen moderierte ich die Pressekonferenz. Launig, versteht sich, und ohne mit sarkastischen Kommentaren hinter dem Berg zu halten, ganz so wie in meinen Diskussionssendungen auf Zorro-TriVi. Richtig interessant wurde es aber erst, als die Sprecher der Protestgruppen zu Wort kamen.

Den Anfang machte ein dickbäuchiger Zikkurer-Drill, dessen Tentakelbärte sich vor Erregung aufs Ungustiöseste ineinander verhedderten. Er vertrat die sogenannten *„Geistbefreier"* und forderte, schmatzend und immer wieder stockend, volle Bürgerrechte der LFT auch für Cyborgs, Biopositroniken und Roboter ab einer gewissen Intelligenzstufe. „Gleichberechtigung für unsere denkenden Brüder im höheren Geiste!", würgte der mittlere Birnenkopf hervor. „Bis dahin verlangen wir von Whistler, entweder die Sklavenfabriken zu schließen oder sie für eine strenge Kontrolle durch unabhängige Experten zu öffnen."

„Na was jetzt, schließen oder öffnen?", hakte ich ein. „Auf oder zu? Einigt euch mal untereinander, Jungs!"

Irritiert faselte er von *Automatischer Apartheid* daher und hielt Perry Rhodan vor, die Knechtung der positronischen Intelligenzen durch sein Schweigen zu diesem brennenden Thema indirekt zu unterstützen.

Ehe der Terranische Resident darauf eingehen konnte, stopfte ich dem Zikkurer seine drei sabbernden Mäuler. Süffisant verwies ich auf die stümperhaften, keineswegs gewaltlosen „Befreiungsaktionen", die er und seine Mitstreiter auf dem Kerbholz hatten. Magnusson, die Vorstandsvorsitzende, versuchte zu beschwichtigen, indem sie sich von meinen Anschuldigungen distanzierte und den Geistbefreiern die Einrichtung eines Komitees in Aussicht stellte, das sich mit den angesprochenen ethischen Problemen befassen würde. Reichlich durchschaubar, wenn ihr mich fragt. Nicht umsonst heißt so was auch „Ausschuss".

Aber egal. Sie war die Chefin hier. Sollte sie doch keppeln, was sie wollte.

Als Nächstes meldete sich eine Sprecherin der *„Unbefleckten Menschheit"*, die für eine nicht mit dem Erbgut anderer Lemurer-Abkömmlinge vermischte, schon gar nicht durch Mutationen oder kybernetische Implantate kontaminierte, reine terranische Rasse eintrat. Logischerweise war die D.U.M. mit den meisten anderen hier vertretenen Extremisten-Grüppchen tödlich verfeindet. Einigkeit bestand maximal dahingehend, dass Whistler eine Ausgeburt des

Bösen darstellte. Zugegeben, eine radikale Position. Jedoch legte die junge Dame – es handelte sich übrigens um dieselbe, die vorhin den Unither als „Rüsselmonster" geschmäht hatte – eine fast schon wieder bewundernswerte Verve an den Tag. Ich meine, wie sie Gucky beflegelte? „Unzurechnungsfähige, entartete Halbratte" ... Das muss man sich dem Mausbiber erst mal ins pelzige Gesicht zu pfeffern trauen.

Beinahe hätte er sich provozieren lassen. Ich hörte, wie er knurrte: „Die bettelt doch förmlich darum, dass ich ihr meine telekinetischen Künste vorführe."

Perry Rhodan hielt den Ilt zurück. „Tu's nicht. Das würde die Stimmung nur noch mehr anheizen."

Der Erbe des Universums. Was? So kennen wir ihn. Immer besonnen, stets souverän. In seiner Bescheidenheit übertrifft ihn keiner. – Hopsa, ich sollte mir bei Gelegenheit den Zynismus-Regler nachjustieren lassen.

Weitere Splittergruppen sonderten ihre Appelle ab. Ein Überschwerer und ein tellerköpfiger, vieräugiger Blue – der sich, haarsträubend schrill zwitschernd, vergebens erbat, von mir als *Jülzi-ish* tituliert zu werden – prangerten an, dass Whistler das Gros der in den firmeneigenen Forschungslabors erzielten technologischen Durchbrüche ausschließlich für die Zwecke der Terraner nutzte, anstatt sie allen Völkern der Galaxis zur Verfügung zu stellen. Jene zwei ungleichen Komiker repräsentierten die IFFA, ausgeschrieben „*Initiative Fortschritt Für Alle*". Sie mahnte mehr Transparenz, ergo eine Abkehr von der bisherigen, auf Geheimhaltung bedachten Konzernpolitik ein.

„Sitzt ihr auf euren Ohren?", fuhr ich die beiden an. „Demnächst latsche ich zusammen mit Rhodan und der einzahnigen Rat..., pardon: dem hoch geehrten Herrn Mausbiber durchs Fabrikgelände und filme alles ab, was mir vor meine Linsen kommt. Wie viel Transparenz wollt ihr denn noch?"

Rhodan, das uralte Weichei, beschwichtigte natürlich wieder. Warb um Verständnis dafür, dass angesichts der dauerhaften, ja beständig wachsenden Bedrohung durchs Arkonidische Imperium gewisse Vorkehrungen gegen Industriespionage leider unumgänglich waren. Betonte, dass er jede der bisher vorgetragenen Meinungen als berechtigt anerkannte, auch wenn er manche davon nicht teilte, und versprach, sich weiter damit auseinanderzusetzen. Ohne mich frontal anzugreifen, nutzte er den Kontrast zu meinem wesentlich aggressiveren Stil, um sich als den toleranten, versöhnlichen, für jede Debatte offenen Perry darzustellen. Mit anderen Worten: Er schanzte mir die Rolle des bösen Polizisten zu und spielte selbst den guten.

Ich begriff, weshalb die Whistler Company so flehentlich um sein Erscheinen gebeten hatte. Er butterte mit seinem Charisma einfach alles unter. So turbulent die Veranstaltung bisher verlaufen war, Perry Rhodans pure Präsenz löste nahezu sämtliche Animositäten in Wohlgefallen auf.

Selbst ich wurde milde gestimmt. Der Unither hatte schon seit Langem mit dem aufgerichteten Rüssel hin und her gewedelt. Schön, sollte er haben, was er begehrte. „In unserer Mitte", las ich von meinem Spickzettel ab, „befindet sich ein weit über die Grenzen seines Heimatsystems hinaus berühmter, begnadeter Tonsetzer, der für die Whistler Company eine Kybernetische Symphonie komponiert hat. Die Uraufführung in voller Länge dauert sechs Stunden."

Hier hielt ich inne, um mich daran zu weiden, wie allenthalben die Schultern nach unten sackten. Zwei, drei Atemzüge ließ ich das versammelte Volk leiden, dann erlöste ich es, gönnerhaft grinsend. „Mit Rücksicht auf die beschränkte Zeit des Terranischen Residenten", fuhr ich fort, „wurde allerdings vorab vereinbart, dass nur einige Auszüge des musikalischen Kunstwerks unseren Rundgang umrahmen werden. Ich wünsche viel Vergnügen."

Traubül strahlte; sofern klobige, plumpe, halslose Wesen mit übergroßen, ans Basedow-Syndrom gemahnenden Kulleraugen strahlen können. Er trötete etwas Unverständliches. Ich verfügte über einen Translator, doch ich weigerte mich, das Gerät zu verwenden. Entweder jemand lernte, auf Interkosmo zu kommunizieren, oder der Fuchs behandelte ihn als Teil der Dekoration. Mit Grünpflanzen unterhielt man sich schließlich auch nicht; schon gar nicht, wenn sie der IFFA *und* den Geistbefreiern nahestanden.

Corela Magnusson griff ein. „Wir hören den dritten Satz aus der Kybernetischen Symphonie von Traubül, dem Emeraldigen, betitelt ‚Tanz der Roboter'", übersetzte sie. „Hernach begeben sich Resident Rhodan, Gucky sowie Dulsön Tahiter in die Fabrik."

3 – Cyballett

Tja, die Fabrik. Allseits wurde gerätselt, wo sich diese befand; auf dem Irrläufer-Asteroiden jedenfalls nicht. Weit und breit gab es keine Sonne, die nahe genug stand, dass ihre Energie für die Forschungs- und Produktionsstätte hätte genutzt werden können.

Wie es sich für eine gute Inszenierung gehört, spannten wir das Publikum noch ein wenig länger auf die Folter. Erst setzte Perry Rhodan durch die symbolische Betätigung eines großen, roten, mit dem Whistler-Logo geschmückten Startknopfs die neue Industrieanlage offiziell in Betrieb. Eigentlich arbeitete sie bereits seit Monaten auf vollen Touren. Aber so ist das nun mal bei Einweihungen: Sie finden dann statt, wenn der ranghöchste Gast Zeit hat.

Nachdem Rhodan fehlerfrei den Knopf gedrückt hatte und das davon ausgelöste, holografische Feuerwerk erloschen war, verkündete die Vorstandsvorsitzende: „Die exakten Koordinaten des Standorts können wir beim besten Willen nicht bekanntgeben. Das käme geradezu einer Einladung an potenzielle Saboteure gleich."

Von denen sich etliche unter dieser Prallfeld-Kuppel aufhalten, reizte es mich anzumerken. Doch ich hielt mich zurück. Meine Schuldigkeit als Advocatus Diaboli hatte ich getan.

Corela Magnusson, die Herrin der Roboter, erläuterte weiter: „Um unliebsamen Besuchern den Zugang zu erschweren, ist die Fabrik nur über eine Materietransmitter-Verbindung erreichbar. Heute ausnahmsweise auch von hier aus."

Im Bühnenpodest entstand ein quadratisches Loch. Mattsilbrig schimmernde Gestänge, die entfernt an einen Käfig erinnerten, schoben sich herauf. Dies war das Sendegerät, das uns abstrahlen würde.

„Die Fabrik ist vollautomatisch ausgelegt", sagte Magnusson. „Sie wird von einer Biopositronik gesteuert und durch deren Servos gewartet. Die Programmvorgaben stammen von unseren Entwicklern. Aber seit der Fertigstellung produzieren dort, überspitzt formuliert, ausschließlich Roboter andere, jüngere, von Generation zu Generation weiter verbesserte Roboter. Ja, Resident Rhodan und Leutnant Guck werden die letzten im herkömmlichen Sinn lebenden Wesen sein, die das Gelände betreten. Danach gewährt das Sicherheitssystem niemandem mehr Einlass. Somit ist jeglichen terroristischen Aktivitäten ein Riegel vorgeschoben."

Sid Singlar hob die adrett gestutzten Augenbrauen. „Noch Fragen?"

Dutzende Arme schossen in die Höhe. Scheinbar wahllos deutete der Pressesprecher auf Darasalaanaghinta „Sparks" Mitchu, die attraktive Chefreporterin des Infotainmentsenders Albion3D. Ihren Spitznamen verdankte sie den weißblonden, kerzengerade aufgerichteten Haaren, an deren Spitzen winzige Lichtpunkte blinkten.

„Moment mal!", rief sie. „Vorhin hieß es, auch Dulsön Tahiter würde an der Führung teilnehmen, ja sogar den Rundgang leiten. Nicht, dass ich den alten Grindfuchs für geeigneter hielte als beispielsweise meine Wenigkeit – aber er ist bekanntlich Terraner, also ebenfalls ein im herkömmlichen Sinn lebendes Wesen."

Sie hatte mir mein Stichwort geliefert. Ich erhob mich und trat an die Bühnenkante. „Wie man sich täuschen lassen kann", sagte ich, während ich das Oberteil meines Anzugs öffnete, das Hemd hochzog und meinen Bauch entblößte.

Mit dem skalpellscharfen Daumennagel durchtrennte ich die kaum sichtbare Naht, klappte die Hautschwarten auseinander und legte die darunterliegende Terkonitplatte frei. Blut floss, doch nicht viel; das meiste absorbierte die selbstreinigende Außenschicht.

Die Medienvertreter, Demonstranten und Abgesandten diverser mit Whistler geschäftlich verbundener Konzerne reagierten gleichermaßen perplex. Das ganze Publikum rang nach Atem.

„Ihr seht vor euch, werte Gäste", sagte Corela Magnusson, ihre Befriedigung über die gelungene Pointe nicht verhehlend, „einen der Prototypen aus jener Fabrik, über die wir die ganze Zeit reden: einen Cyborg, ein Positronengehirn mit Zellplasma-Komponente und Stahlskelett, gehüllt in eine biologische Kokonmaske. Typenbezeichnung, der Vollständigkeit halber: ARIAD-700. – Nicht wahr, niemand von euch wäre auf die Idee gekommen, die Authentizität unseres Moderators anzuzweifeln, oder?"

Sie erntete sprachlose Begeisterung.

„Selbstverständlich", ergänzte sie nonchalant, „hat uns der echte Dulsön Tahiter sein Einverständnis hierzu erteilt; gegen eine adäquate Abgeltung der ‚Urheberrechte' für sein Äußeres und seine charakteristischen Verhaltensweisen. Er meinte übrigens, er fühle sich ähnlich geehrt, als hätte ihn eine Samenbank um Spenden angeschnorrt." Die Vorstandsvorsitzende verzog die Mundwinkel. „Unsere größte Sorge galt Gucky, den wir auf die Schnelle nicht einweihen konnten. Zwar hatten wir ausgemacht, dass er seine telepathischen Fähigkeiten generell nicht zur Anwendung bringen sollte. Aber ihr alle wisst, wie schwer es dem Ilt fällt, sich solchen Vorgaben zu fügen."

Gelächter erklang. Der Bann war gebrochen. Ich stellte mich hinter den Mausbiber. Mit einer Hand versiegelte ich meine Bauchwunde, mit der anderen klopfte ich Gucky auf dessen schmale Schulter. „Ich bin sicher, du hast Lunte gerochen. Danke, dass du trotzdem dicht gehalten hast."

„Keine Ursache", erwiderte er, den einzigen Zahn schelmisch vorschiebend. „Ich gestehe, rein zufällig an dir mental angestreift zu sein. Aber da war nichts - wie auch? Positronische Gedanken kann selbst ich nicht lesen. Den Rest habe ich mir zusammengereimt, beziehungsweise bei Sid und Corela telepathisch aufgeschnappt."

„Danke." Magnusson wandte sich Perry Rhodan zu und überreichte ihm zwei kleine Geräte: ein Armband, das ihn und Gucky gegenüber den Scannern der Fabrik als Betretungsbefugte auswies, sowie einen flachen Chip, der Lautsprecher-Membranfelder projizieren konnte. „Traubül besteht darauf, dass du seine Musik hörst, während ihr euch durch die Fabrik bewegt. Es ist eine Kette dran. Am besten hängst du dir das Ding damit um den Hals."

Schmunzelnd streifte Rhodan die Kette mit dem Tonträger über. „Das erweckt gewisse Assoziationen", sagte er. Dann begab er sich in den Käfig. „Ich nehme an, ihr habt die Verbindung auf ihre Stabilität überprüft."

Die Vorstandsvorsitzende bejahte. „Im Übrigen besteht, so viel sei verraten, keine allzu große Entfernung zwischen hier und eurem Zielort."

Gucky und ich gesellten uns zu Perry. „Bereit."

Grünes, heißkaltes Licht blendete, durchdrang, zerlegte uns ... und setzte uns wieder zusammen.

„Alles wohlauf?", fragte ich. Transmitterdurchgänge bergen immer ein Restrisiko; zumindest, wenn man kein Cyborg ist, der repariert, neu initialisiert oder schlimmstenfalls im Ganzen eins zu eins redupliziert werden kann.

Aber der Transport war problemlos verlaufen. Rhodan und der Ilt hatten keinen Schaden genommen. Sobald wir aus dem Gitterkäfig der Empfangsstation getreten waren, ließ ich die Kameradrohnen ausschwärmen, die ich per Funk koordinierte.

„Wir befinden uns im Schleusenmodul", erklärte ich sowohl meinen beiden Schützlingen als auch den am *Treffpunkt Zukunft* unter der Prallfeldglocke Versammelten, die gewiss jeden unserer Schritte gespannt verfolgten. Hinzu kamen Billionen Zuschauer in allen Teilen der Milchstraße, die über die verschiedenen Netzwerke und Relaisketten angeschlossen waren.

„Die Schleuse dieser Empfangsstation", setzte ich fort, „stellt den einzigen Zugang zur eigentlichen Fabrik dar. Es gibt keinen anderen, da das restliche Raumhabitat permanent von einem Paratron-Schirm abgeschottet wird. Eine solche, selbst für Teleporter wie unseren Gucky undurchdringliche, energetische Schutzblase lässt sich auch um dieses Modul errichten, welches notfalls, etwa beim Eindringen eines Terrorkommandos, abgekoppelt und per Fernzündung gesprengt werden kann. Die hochsensible Alarmanlage reagiert auf Individual-Schwingungen von Lebewesen wie auch Emissionen von Robotern. Perry Rhodan, Gucky und ich sind natürlich autorisiert worden."

Prompt sprangen die Leuchtflächen rings um die Schleuse von Rot auf Grün und die blendenartigen Verschlüsse glitten auseinander. Damit sich niemand beschweren konnte, ihm sei etwas vorenthalten worden, vollführte ich mit einer meiner Schwebekameras einen Schwenk von 360 Grad durchs ganze Kugelmodul: Transmitterkäfig, daneben die übliche Erste-Hilfe-Medoeinheit, eine Sitzbank, die man zur Pneumo-Liege umfunktionieren konnte, einige Wandschränke mit den Symbolen für Standard-Druckanzüge, das war's. Logos und Reklamesprüche der Whistler Company, versteht sich, wohin das Auge schweifte. Solche Einschaltquoten würden sie lang nicht mehr erzielen, das wollte ausgenützt werden.

Ich ging voran durch die Schleuse und den schlauchförmigen Verbindungstunnel, der sich unvermittelt zu einer gewaltigen, domartigen Halle öffnete.

4 – Museion

Größer hätte die Diskrepanz zur Empfangsstation nicht ausfallen können. Dominierte dort karge, nüchterne Zweckmäßigkeit, so glaubte man sich nun in eine futuristische Galerie versetzt, einen enormen, lichtdurchfluteten Raum, dessen Ausmaße sich ebensowenig abschätzen ließen wie seine Form. Es gab nirgends Ecken, gerade Kanten oder ebene Flächen, nur elegant geschwungene Rundungen, Wölbungen, Ein- und Ausbuchtungen. Zur Sinnesverwirrung trug weiters bei, dass offenbar die Gravitation lokal unterschiedlich vektoriert war; denn auf einigen der wolkenartigen, langsam durch den Dom treibenden Gebilde standen Gestalten kopfüber oder scheinbar waagrecht oder in anderen, dem Schwerkraft-Empfinden spottenden Winkeln.

„Dies ist das Kybernetische Museum, die Pinakothek der Roboter", erläuterte ich. „Sämtliche hier ausgestellten Werke wurden von künstlichen Intelligenzen geschaffen, übrigens auch die Architektur der Galerie selbst. Sie stellt eine räumliche Umsetzung der Alan-Barischen Gleichung dar. Die Proportionen entsprechen dabei den

Konstanten, die Bewegungen der mobilen Elemente wiederum den Variablen dieses hyperphysikalischen Theorems, das in den letzten Jahrzehnten große Bedeutung erlangt hat. Mit mathematisch-analytischem Blick betrachtet kommt diese metastabile, polyrhythmisch in sich schwingende Raumgestaltung der Idealvorstellung einer Sphärenharmonie schon sehr nahe."

„Aaah ja", piepste Gucky. „Jetzt, wo du's sagst ... Bemerkenswert. Fast ein bisschen verschwenderisch. Ich meine – hat es nicht geheißen, Perry und ich werden die einzigen und letzten Besucher sein?"

„Bei aller Hochachtung", antwortete ich, „aber die Kybernetische Pinakothek ist nicht zu *eurer* Erbauung eingerichtet worden. Sie dient als Bildungsstätte für die aus dieser Fabrik hervorgehenden Wesen, derzeit übrigens hauptsächlich Exemplare derselben Typenreihe, der auch ich angehöre. Mit Intellekt geht Stilgefühl einher – und Emotionalität, selbst synthetische, gebiert das Interesse an Kunst."

„Imposant", gestand Perry zu.

Gucky drehte sich blinzelnd um die eigene Achse. „Und ganz schön verwirrend; fast ein wenig beunruhigend. Das hat ein Cyborg entworfen?"

„Eine positronisch-biologische Einheit der Serie ARIAD-700", präzisierte ich. „Wie ich. Bloß, dass ihm ein dickes Paket Kreativ-Software beigegeben wurde und mir das Persönlichkeitsprofil Dulsön Tahiters. Übrigens wende ich, wie euch schon aufgefallen sein wird, dessen charakterliche Eigenheiten seit meiner ,Enttarnung' stark reduziert an."

„Wofür ich dir von Herzen dankbar bin", sagte Rhodan trocken.

Beim Publikum am *Treffpunkt Zukunft* verschaffte ihm das gewiss einen kräftigen Lacher. Es war allgemein bekannt, dass der Betreiber von Zorro-TriVi gerade gegen die Zellaktivatorträger schon oft mit gnadenloser Schärfe polemisiert hatte.

Wir besichtigten zwei weitere Kunstwerke, die ich hier nicht näher zu schildern brauche; schließlich existieren mehr als genug Aufzeichnungen, und das Kybernetische Museum wurde ja kaum in Mitleidenschaft gezogen. Die Katastrophe betraf vornehmlich andere Bereiche.

Ich fragte den Residenten, welche Route ich wählen sollte. „Möchtest du auf schnellstmöglichem Weg in die hinteren Sektionen, wo die Labors und Montagehallen untergebracht sind? Dann könnten wir den Werdegang von meinesgleichen sozusagen chronologisch verfolgen. Oder wollt ihr zuerst weitere auf andere Tätigkeiten spezialisierte Prototypen kennenlernen? Deren Ausbildungsräume grenzen unmittelbar an."

Nach einem kurzen Blickwechsel entschieden Rhodan und der Ilt, dass die Zuschauer der Live-Übertragung mehrheitlich wohl eher praktische Anwendungen interessierten als technische Feinheiten. Wir begaben uns also aus der Galerie ins Cyber-College.

5 – Cycollogy I

Gucky wollte wissen, ob eigentlich auch die Kybernetische Symphonie, deren Klänge uns begleiteten, von Robotern eingespielt worden war.

„Ja, ausschließlich", antwortete ich. „Allerdings waren dazu keine ARIADs vonnöten. Die allermeisten Tonspuren sind synthetisch generiert, und auch zur Bedienung normalakustischer Instrumente reichen simplere Roboter vollkommen aus. Böse Zungen wie jene meines Vorbildes könnten hierzu anmerken, dass Blechtrottel gegenüber menschlichen Orchestermitgliedern überdies den Vorteil haben, nicht unter Alkoholproblemen oder sexuellen Verirrungen zu leiden ... Am Theater wiederum herrscht große Nachfrage nach ARIAD-Siebenhundertern. Insbesondere Regisseure von Staatsbühnen, an denen fast ausschließlich sehr alte Inszenierungen noch älterer Stücke gezeigt werden, schätzen unsere Cyborgs sehr. Naturgemäß kommen an deren Exaktheit selbst Absolventen der traditionsreichsten Schauspielschulen nur schwer heran. Bei manchen Rollen allerdings, das will ich nicht verhehlen, treten eigenartige Übertragungs-Effekte auf, die unsere Programmierer noch nicht völlig im Griff haben."

Eben kamen wir am R-III-Saal vorbei, aus dem vielstimmiges, grässlich manieriertes Gebrüll ertönte: „Oin Pfeeerd! Oin Pfeeerd! Oin Kööönigroich für ..."

„Daran wird intensiv gearbeitet", versicherte ich Perry Rhodan und zog ihn hastig weiter.

6 – Cycollogy II

Im Redoutensaal der Abteilung für Ballett, Pantomime und Rhythmische Gymnastik wohnten wir einer Vorführung bei, die der Mausbiber abfällig als „ödes Gehopse, das ich schon vor zwei Jahrtausenden gehasst habe" kommentierte; ein Punkt, in dem ihm Dulsön Tahiter, wiewohl beileibe kein Mutantenfreund, ausnahmsweise einmal vollinhaltlich zugestimmt hätte.

Die Sportroboter, deren Trainingshalle gleich nebenan lag, gefielen Gucky dafür umso besser. Cyborg-Ligen erfreuten sich auf vielen Planeten seit Jahren ständig steigenden Zuspruchs. Die Verbände der meisten Disziplinen hatten schon vor Langem einen Trennstrich gezogen: hier die althergebrachte Form mit quasi „naturbelassenen" Athleten, aufgeteilt in Gewichts-, Größen-, Rassen- und sonstige Klassen, von Doping- und Implantatjägern streng, wenngleich niemals wirklich ausreichend überwacht; dort die diversen „Freistil"-Varianten, wo von vornherein absolut alles erlaubt war. Derlei zirzensische Brutalität wurde von manchen Schöngeistern abgelehnt. Vor allem die Anhänger der „Unbefleckten Menschheit" und verwandter Gruppierungen liefen regelrecht Sturm gegen diese Perversion der hehren Ideen von Leibesertüchtigung und sportlichem Wettkampf. Freilich standen sie auf verlorenem Posten, wurden sogar noch verlacht von der breiten Masse, die sich an den ekelhaften Gemetzeln in den Arenen begeilte.

„Da spricht jetzt aber eher Dulsön Tahiter als ein Repräsentant der Whistler Company, hm?", warf Perry Rhodan amüsiert ein.

„In letzter Konsequenz lässt sich das nicht exakt trennen", zeigte ich mich ertappt und versprach, den Reporterfuchs-Anteil meines Pseudo-Bewusstseins wieder ein wenig zu drosseln. „Gewiss ist es ein nettes Hobby und bereitet vielen Leuten Spaß", gab ich zu, „eigene Mannschaften aus Cyborgs zu unterhalten und sich selbst als Teamchef zu profilieren. Allerdings gibt es gar nicht wenige, die sämtliche relevanten Entscheidungen einer sündteuren Coaching-Positronik überlassen. Dann, finde ich, wird's endgültig absurd. Aber egal, Whistler verdient wunderbar daran."

Wir besuchten die Abteilung für Kinder-, Kranken- und Altenbetreuung, wo die Tier- und Clownsmasken überwogen; hernach das Departement ASPD, Allgemeine und Spezielle Persönliche Dienstleistungen. „Speziell" bedeutet, wie sich jeder Erwachsene denken kann, „erotisch". Daher begegneten wir etlichen bekannten Gesichtern und ebensolchen kaum verhüllten Körpern. Die Nachbildungen prominenter, einschlägiger Trivid-Stars waren ein Hochpreis-Segment, wegen der im doppelten Wortsinn saftigen Tantiemen, welche an die Originale oder deren Rechteinhaber bezahlt werden mussten. Außerdem strengten die *Geistbefreier* permanent Prozesse an, um für die Sexroboter volle Bürgerrechte durchzusetzen, was sich in entsprechenden Anwaltskosten niederschlug.

Trotzdem brachte diese Produktpalette unterm Strich dem Konzern beträchtliche Gewinne ein – und das Geld stank nicht, höchstens auf Sonderwunsch.

7 – Habitat

„Ein weiteres Geschäftsfeld", sagte ich, nachdem wir dieses schlüpfrige Terrain verlassen hatten, „von dem sich die Whistler Company für die Zukunft Einiges verspricht, ist der Ersatz geliebter Verstorbener durch Cyborgs. So manche Tragödie kann dadurch zwar nicht ungeschehen gemacht, jedoch in ihren Auswirkungen abgemildert werden. Gibt es etwas Schlimmeres als Einsamkeit?"

Ich sah Gucky an. Der tat, als verstehe er nicht. Dafür warf mir Perry einen warnenden Blick zu, doch den übersah ich meinerseits und legte nach: „Whistler offeriert Spezialanfertigungen aller Art und aller Arten. Ich bin sicher, auch eine adrette, unsterbliche oder zumindest auf Jahrhunderte hinaus verschleißfreie Mausbiberin wäre machbar, zu durchaus erschwinglichen Konditionen."

Die Augen des Ilts sprühten. „Das ist geschmacklos", stieß er gepresst hervor, die zu Fäusten geballten Händchen in die Hüften gestemmt. Sein Biberschwanz trommelte auf den Stahlboden des Verbindungsgangs. Begütigend legte Rhodan dem Kleinen die Hand auf den Kopf und begann, ihn hinter dem Ohr zu kraulen.

„Ich bitte vielmals um Entschuldigung", sagte ich, angemessene Betroffenheit simulierend. „Tahiters Persönlichkeitsprofil schlägt immer wieder durch, die Feinabstimmung gestaltet sich zusehends diffiziler. Ich wollte dir keineswegs zu nahetreten. Wie man sieht, fehlt mir doch noch viel zur Perfektion in emotionaler Hinsicht."

Der letzte Überlebende seines Volkes schüttelte sich, dann piepste er: „Schon okay. Warum sollte nicht auch ein Kunstwesen ins Fettnäpfchen treten können?"

„Gehen wir weiter", bestimmte Rhodan, sichtlich unangenehm berührt. „Bringen wir den Rundgang zu Ende."

„Einen Moment noch. Unseren Entwicklern ist bewusst, dass dieses Thema, also der Verkauf von Surrogaten, mit äußerster Einfühlsamkeit behandelt werden muss. Eine Reihe namhafter Psychologen und Ethiker wurde deswegen bemüht. Sie empfehlen, die verlorene Person nicht eins zu eins zu kopieren. Obwohl dies technisch möglich wäre, wie nicht zuletzt meine eigene Verkörperung Dulsön Tahiters beweist. Vielmehr raten unsere Experten, nur gewisse, sorgfältig ausgewählte Eigenschaften, Angewohnheiten, liebenswerte Marotten und Ticks ins Verhaltensprofil des ‚Ersatzpartners' einzuarbeiten, jedoch seine Erscheinung insgesamt deutlich abweichend zu gestalten. Damit immer klar bleibt, dass es sich um eine Illusion handelt. Dass nicht die Person selbst künstlich wiederauferstand, sondern einzig und allein die Erinnerung an sie am Leben gehalten wird."

„Ich weiß nicht", sagte Rhodan. „Mag sein, so etwas kann in Einzelfällen Leid lindern helfen. Dies gänzlich in Abrede zu stellen, maße ich mir nicht an. Wie auch immer, viele Erfahrungen haben mich und", er strich Gucky übers haarige Ohr, „meine Freunde gelehrt, dass es wichtig ist, Abschied zu nehmen. Der Trauer, dem Schmerz freien Lauf zu lassen. Unsere Liebsten zu begraben und die

Hoffnung auf ein Wiedersehen mit ihnen. Einen Schlusspunkt zu setzen, verstehst du?"

„Nein", erwiderte ich. „Meinesgleichen wird eingeschaltet, eventuell zwischendurch aus, und danach erneut, komplett *erneuert*, wieder ein. Exakt gleich wie zuvor. Oder optimiert, um ein weniges oder sehr viel. Woran sollte ich den Unterschied erkennen, falls die interne Dokumentation gelöscht wurde? Ob ich das Original bin oder die x-te Sicherheitskopie? – Ich sage das ohne Bitternis. Zumindest haben meine Schöpfer mir das Wissen darum mitgegeben, wie instabil meine Existenz beschaffen ist."

„Auch eine arme Sau", murmelte Gucky.

„Kein Grund für Mitleidigkeit, kleiner Herr. – Jetzt kommen wir in eine Region, auf die wahrscheinlich viele unserer Zuseher schon sehnlich warten: die Kaserne. Wir besichtigen die bis heute bestgehüteten Geheimnisse dieser Firma: die erstmals einer breiten Öffentlichkeit zugänglich gemachten, militärischen Anwendungen der Whistler-Technologie."

„Kampfroboter", sagte Rhodan. Es war eine Feststellung, keine Frage.

„Ich will nicht zuviel versprechen. Aber ihr werdet staunen. Dafür lege ich glatt meinen kostspieligen Arm ins Feuer."

8 – Kaserne I

Das weitschweifige Areal der Kaserne nahm fast den gesamten Mittelteil des drei Kilometer durchmessenden Raumhabitats ein. Wie schon mehrmals zuvor änderte sich die Szenerie abrupt, sobald wir das Schott durchschritten hatten.

Wir standen auf einer Empore, die nur durch eine dünne Reling gesichert war. Unter uns breitete sich extrem kleinteilig strukturiertes Gelände aus. Hier Granitblöcke, da Sanddünen, dort dichtes Gestrüpp, ein eisiger Abhang, daneben ein Kraterteich ... Als habe man versucht, möglichst viele möglichst unterschiedliche geologische Formationen auf geringstem Raum unterzubringen.

Eine junge Frau kam in lockerem Lauf daher getrabt: humanoid, durchschnittlich groß, schlank, ebenmäßiges Gesicht, kurze brünette Haare. Unter dem hauteng anliegenden Overall zeichnete sich die Muskulatur einer Leichtathletin ab.

„Lass mich raten", sagte Perry Rhodan. „Einzelkämpferin? Assassinin, gute alte Ninja-Schule?"

Ich bejahte. „Wiewohl hauptsächlich defensiv eingesetzt. Sehr gefragt bei Wirtschafts-Tycoons, die einen privaten, ständigen Leibwächter möchten. Absolut loyal, geringe Personalkosten – sofern man sich erst mal die Anschaffung leisten kann. Der Preis entspricht dem einer mittleren Raumyacht. Als Babysitterin wäre diese Dame definitiv überqualifiziert."

Auf einem Hügel schräg vor uns entstand die kaum merklich flimmernde Holografie eines großen, massigen, rund hundert Jahre alten Mannes, der trotz des perfekt sitzenden Seidensmokings etwas Wettergegerbtes ausstrahlte. Als hätte man einen Naturburschen in maßgeschneiderte Nobelkleidung gesteckt.

„Timber F. Whistler", sagte Rhodan halblaut. „Der designierte Erbe der Dynastie."

„Kein Geringerer", bestätigte ich. „Aus familiärer Verbundenheit hat er sein holografisches Abbild freundlicherweise für diese kleine Leistungsschau zur Verfügung gestellt."

Die Cyborg-Frau postierte sich daneben. Ein Sirenenton erklang. Im selben Moment brach rund fünfzehn Meter über der Hügelkuppe eine Felszinne auseinander. Dutzende Gesteinstrümmer, manche wohl siebzig, achtzig Kilogramm schwer, stürzten auf die Projektion herunter. Doch kein Einziges traf – denn die Leibwächterin, so schnell, dass sie nur noch schattenhaft erkennbar war, wehrte sie alle, drei oder vier Meter hoch springend, wieder und wieder um die eigene Achse wirbelnd, sich in mehrfachen Salti überschlagend, binnen Sekundenbruchteilen ab, sodass nicht das kleinste Steinchen im engeren Umkreis des Holos zu Boden fiel.

„Sauber", piepste Gucky. „Gute Reflexe. Obwohl ich das auch könnte, und zwar ohne mir die Finger staubig zu machen."

Abermals erklang die Sirene. Auf langen, stählernen, federnden

Spinnenbeinen staksten drei identische Roboter daher, doppelt mannshohe Ungetüme, die in ihren zahlreichen Tentakelarmen Hieb- und Stichwaffen schwangen. Zusätzlich schleuderten sie Wurfmesser und schossen fingerlange Bolzen ab. Die ARIAD-700 wischte sämtliche Projektile ebenso leichthändig aus der Luft wie zuvor die Felsbrocken. Dann ging sie zum Gegenangriff über. Die Stahlspinnen fächerten sich auf, wollten ausschwärmen, ihre Gegnerin umgehen, um freie Schussbahn aufs Holo zu bekommen. Vergeblich, die Cyborg-Frau war schneller. Mit fast schon unheimlich anmutender Gewandtheit tauchte sie zwischen den Klingen des mittleren Roboters durch und zerlegte ihn buchstäblich in seine Einzelteile, wofür sie nur wenige, berserkerhafte Hiebe benötigte. Zwei aus dem Torso gerissene Stücke benutzte sie als Wurfgeschosse, die – *Pang! Pang!* – wie Kanonenkugeln einschlugen und auch die beiden anderen Maschinen außer Gefecht setzten. Keine fünf Sekunden, nachdem der Angriff begonnen hatte, waren von den scheinbar so furchteinflößenden Stahlspinnen nur noch rauchende Schrotthaufen übrig.

Experten – zu denen der Terranische Resident zweifellos zählte – hätten beanstanden können, dass herkömmliche Kampfroboter, wie sie die Whistler Company seit einer halben Ewigkeit erzeugte, zwar weniger martialisch aussahen, dafür umso durchschlagskräftiger waren. Gegen die Strahlengeschütze eines einzigen TARA-V-UH wäre die Leibwächterin chancenlos gewesen. Darum ging es in diesem Fall nicht. Modelle wie sie sollten ihre Klienten vor Attentätern bewahren, die eben keine, von jedem herkömmlichen Scanner leicht zu entdeckenden Hochenergiewaffen verwendeten. Und im Nahkampf, das hatte sie nachdrücklich unter Beweis gestellt, führte kaum ein Weg an ihr vorbei.

Timber F. Whistlers Holobild verbeugte sich galant und erlosch. Die Ninja-Cyborg kletterte mit affenartiger Behändigkeit über den Steilhang zu uns herauf und reichte mir die Hand. „Zufrieden, Kollege?"

Ich nickte anerkennend. Der echte Dulsön Tahiter hätte vermutlich geätzt, er kenne billigere Dosenöffner.

Inzwischen waren unten in der Manöver-Landschaft fünf weitere Gestalten aufmarschiert, die äußerlich verschiedenen Völkern der Milchstraße angehörten: ein Rubiner, ein Naat, ein Gefirne, ein Swoon, zuletzt ein Unither, der für menschliche Augen unserem verehrten Komponisten Traubül wie aus dem Rüsselgesicht geschnitten wirkte.

Bei diesem Quintett handelte es sich, erklärte die Ninja, ebenfalls um Cyborgs der ARIAD-Serie. Selbstverständlich wurden auch nach nichthumanoiden Vorbildern Kokonmasken hergestellt. Offenbar sollte damit den Aktivisten der *Initiative Fortschritt Für Alle* der Wind aus den Segeln genommen werden.

Einer nach dem anderen führten die verkleideten ARIAD-Siebenhunderter ihre jeweiligen Spezialfertigkeiten vor. Der an ein riesenhaftes, terranisches Känguru erinnernde Rubiner überwand aus dem Stand eine dreißig Meter hohe Mauer und rammte sie danach mit dem Schädel voraus, ohne dass er Schaden davontrug, die Mauer hingegen sehr wohl. Aus den Augen, den wulstigen Fingerspitzen und den Klumpfüßen des Naats schossen Thermo-, Paralysator- oder Desintegratorstrahlen, die über weite Distanzen punktgenau ins Ziel trafen. Der Gefirne, ein unbeholfen erscheinendes Zottelwesen mit je drei Armen und Beinen, vermochte seine Gliedmaßen abzukoppeln und getrennt voneinander als Kampfdrohnen einzusetzen. Erwartungsgemäß fungierte der nur 35 Zentimeter große, gurkenförmige Swoon als Beispiel dafür, wie weit die Miniaturisierung der Baureihe vorangeschritten war. Der Unither-ARIAD schließlich konnte mit der Ultraschallwaffe in seinem Rüssel, wenn er diesen versteifte und auf ein Ziel ausrichtete, hausgroße Felsen pulverisieren.

„Sehr eindrucksvoll", lobte Perry Rhodan. Voll konzentriert schien er mir nicht mehr. Ich merkte ihm an, dass er die Führung alsbald zum Abschluss bringen wollte.

Die Leibwächterin, die während der Kunststücke ihrer Genossen brav deren technische Spezifikationen heruntergebetet hatte, bedankte sich artig. Noch bevor sie fertig gesprochen hatte, fuhr sie aus dem Unterarm, leise klickend, ein Bajonett aus und rammte es dem Residenten in die Brust.

10 – Atacca I

Ums Haar wäre es ihr gelungen, Perry Rhodan zu überraschen und den Mann, der die Menschheit zu den Sternen geführt hatte, zu ermorden (der Ausdruck „kaltblütig" verbietet sich, denn Blut zirkulierte nur in ihrer Kokonmaske).

Sie war übermenschlich schnell, erinnert ihr euch? Trotzdem schaffte Perry es irgendwie, dem tödlichen Stoß auszuweichen. Vielleicht bemerkte er eine minimale Veränderung ihrer Sprechweise, vielleicht ahnte er die Attacke mehr, als dass er sie kommen sah. Jedenfalls duckte er sich weg und dann war Gucky zur Stelle, ergriff die Cyborg-Frau telekinetisch und schob sie mit Wucht durch die Reling, von der Empore. Sie fiel hinab, touchierte beinahe die aufsteigenden Kampfdrohnen des Gefirnen-ARIAD. Auch der Rubiner schnellte sich mit einem mächtigen Satz zu uns empor, während der Unither seinen Rüssel vorstülpte.

„Weg!" Rhodan hechtete nach hinten, durch die Tür, gefolgt von mir und dem Mausbiber. Kaum hatten wir die Brüstung verlassen, zerbröselte sie unter der Wirkung der Ultraschall-Waffe zu Staub. Fauchend schlugen Thermostrahlen über uns in die Decke des Ganges. Heiße Tropfen verflüssigten Kunststoffs verfehlten den Mausbiber knapp.

„Was ist hier los?", krähte er. „Dulsön!"

Der Rubiner-Cyborg hatte seinen känguru-artigen, rotfelligen Leib im Türrahmen verspreizt. Nun stieß er sich ab und stürzte sich auf Gucky, der ihn telekinetisch zurückwarf.

„Keine Ahnung", rief ich. „Nein, doch! Soeben teilt mir die Zentralpositronik der Fabrik über Funk mit, dass Feinde lokalisiert wurden, welche unverzüglich unter Aufbietung aller Mittel, zu vernichten sind."

Die Gangbeleuchtung flackerte. Sirenen heulten. Wenige Meter vor uns rasselte ein schweres Schott herab und versperrte uns den

Fluchtweg. Hinter uns näherte sich erneut der Rubiner, auch die Leibwächterin war wieder da und die flugfähigen Extremitäten des Gefirnen-Roboters – auf einer davon saß rittlings der Cyber-Swoon, „Freiheit allen Intelligenzen!" kreischend, – eröffneten das Feuer. Gucky rettete uns, indem er die Angreifer gegeneinander schmetterte. Er zerquetschte die Drohnen im Sekundentakt; doch es kamen immer neue nach.

„Tahiter!", schrie er. „Kannst du das abstellen?"

Wie es einem Reporter aus Leib und Seele geziemt, justierte ich zuerst meine Schwebekameras, um die Szene optimal für die Nachwelt einzufangen. Dann antwortete ich: „Leider nein. Die gesamte Anlage ist im Aufruhr und wendet sich gegen uns."

„Wir teleportieren." Rhodan streckte Gucky die Hand hin. „Raus können wir nicht, wegen des Paratronschirms. Also in die Empfangsstation!"

Der Mausbiber hüpfte zwischen Perry und mich, berührte uns – und sprang.

11 – Atacca II

Bei der Schilderung dessen, was als Nächstes geschah, muss ich auf die Aufzeichnungen der Überwachungssysteme zurückgreifen.

Die Kameras zeigen, wie unmittelbar nach der Rematerialisation im Schleusenmodul der Cyborg, dessen Äußeres Dulsön Tahiter nachempfunden wurde, zusammenklappt, zu Boden fällt und reglos liegen bleibt. Gucky beugt sich über die Kunstgestalt und stellt fest, dass sie keinerlei Aktivität mehr zeigt. „Mir kam schon die Teleportation seltsam vor", sagt der Ilt. „Ich kann es nicht benennen, aber etwas ... *fehlte.*"

„Auch hier ist manches nicht, wie es sein sollte", gibt Perry Rhodan zurück. „Insbesondere das, worauf's ankommt." Er deutet auf den Käfigtransmitter – ein verschmortes Gestell, offensichtlich durch eine Bombe zerstört.

Gucky flucht, fängt sich gleich wieder. „Es gibt Raumanzüge. Wahrscheinlich von der Sorte ‚Passt sich jedem an außer mir'. Naja, Hauptsache dicht. Die ziehen wir an, und ich bringe uns raus ins freie All." Er watschelt zu einem der Wandschränke.

„Geht leider nicht." Rhodan schlägt mit der flachen Hand gegen eine Konsole. Auf dem Display steht zu lesen, dass sich soeben der Paratron errichtet hat, der die Empfangsstation versiegelt. „Da gibt's selbst für dich kein Durchkommen."

„Soll das heißen, wir sitzen in der Falle?"

Ein Lachen ertönt. „Genau, wo ich euch haben will." Der Monitor zeigt ein mittlerweile gut vertrautes Gesicht: Dulsön Tahiter, unverschämter grinsend denn je.

„Was denn", japst Gucky: „Noch einer?"

12 – Atacca III

„Der echte und einzig Wahre", sagte ich genüsslich. „Euer Führer oder besser: der Führer der Unbefleckten Menschheit!"

Ich gönnte ihnen einige Atemzüge Zeit, die Offenbahrung zu verdauen, dann sprach ich weiter: „Soeben wird das Modul mit euch beiden abgekoppelt – denn die Positronik hat euch als Terroristen identifiziert. Fehlgeleitet, wie auch die Kampfroboter, durch für menschliche Ohren unhörbare Impulsfolgen, die in den abgespielten Musikstücken des unsäglichen Traubül versteckt waren. In Kürze hat die Empfangsstation die nötige Distanz zur Fabrik erreicht, um gefahrlos gesprengt werden zu können, wie für solche Fälle vorgesehen. Bekanntlich wird die Fabrik zwar durch ihren Paratron geschützt, doch die Streustrahlungen einer solchen Explosion könnten die empfindlichen Einrichtungen gefährden. Es ist ein erfreulich perfektes System. Für die galaktische Öffentlichkeit wird sich das Ganze freilich völlig anders darstellen."

Whistler, erklärte ich, konnte einpacken, zusperren und den Kodeschlüssel wegwerfen. Auf Nimmerwiedersehen! Wer kaufte noch Roboter oder Positroniken, die versehentlich den Terranischen

Residenten umgebracht hatten? Wer verteidigte weiterhin Technologien, deren Anfälligkeit und Gefährlichkeit sich als so tragisch er-
wiesen hatten? Wer empfand nach dieser Katastrophe noch einen
Funken Achtung für die Argumente der *Geistbefreier* und ähnlich
verblendeter Träumer?

„Auf einen Schlag, mit dieser einen Aktion werden alle unsere
Feinde desavouiert", legte ich meine Motive dar. „Allein die symbolische Wirkung dessen, dass es Fremdwesen nachgebildete Kreatu-
ren waren, die euch vor den Augen der galaktischen Öffentlichkeit
attackiert haben, ist Goldes wert. Solange ich lebe, werde ich dies
auf meinem Sender anprangern; desgleichen, dass die schauderhaf-
ten Kakophonien des Unithers Traubül die fatale Störung der Fa-
briks-Positronik und der Cyborgs erst ausgelöst haben. Diesbezüglich werden mir alle nachträglichen Untersuchungen Recht geben.
Somit ist auch die IFFA vom Tisch. Und die Menschheit besinnt sich
endlich wieder auf ihre Wurzeln, die du, Perry Rhodan, schmählich
verraten hast."

„Ach ja? Inwiefern?", fragte der Aktivatorträger heiser.

„Kapierst du es immer noch nicht? Anstatt unsere reine, lemuri-
sche Rasse weiter zu forcieren und mit uns das Erbe des Universums
anzutreten, warfst du dich Ausgeburten wie dieser biberschwänzi-
gen Monsterratte an den Hals! Die dir aber jetzt auch nicht mehr
helfen kann. Und ich schwöre euch, das verschafft mir ein erkleck-
liches Maß an Genugtuung."

„Damit kommst du nicht durch", sagte Rhodan.

„Oh doch. Die Roboter und ihre Fabrik-Positronik gehorchen
mir, ganz folgsam, entsprechend der in der Musik enthaltenen Um-
programmierung. Die Aufzeichnung dieses Gesprächs wird gelöscht, sobald das abgekoppelte Schleusenmodul – *paff!* – in alle
Sonnenwinde zerstiebt. Man wird Restpartikel von euch und meiner
kybernetischen Kopie auffischen, daher bleiben keine Fragen offen.
Die Kameradrohnen habe ich exakt zum Zeitpunkt eurer Teleportation ausgeschaltet. Derzeit herrscht auf allen Sendern Funkstille. Ich
kann mich gemütlich verbergen, um später im allgemeinen Durch-
einander unauffällig auf den Plan zu treten, als wäre ich wie viele an-

dere Berichterstatter erst nach der Katastrophe per Raumschiff eingetroffen. Ha!, schon mein erster beißender Kommentar zu diesem Vorfall wird Mediengeschichte schreiben."

„In Wahrheit", fiepte der Mausbiber, „bist du bloß neidisch, unbefriedigt und gierst nach Anerkennung."

„Sicher. Und die Sonne dreht sich um die Erde. – Kindchen, es ist müßig, mich in Diskussionen verwickeln zu wollen. Euch bleiben noch etwa zwanzig Sekunden, dann seid ihr Geschichte. Mich aber akzeptiert die Schundfabrik als höherrangig und wird mich darum gleich wieder vergessen haben. Dieser Coup wurde von langer Hand geplant, unter Mitwirkung einer von uns erpressten, leitenden Whistler-Ingenieurin. Sie hat die Endkontrolle vorgenommen und dabei sowohl die Bombe platziert, die den Transmitter zerschmolzen hat, als auch meinen Cyborg im Wandschrank versteckt – aus dem er automatisch gekippt wurde, sobald ihr euch plangemäß hierher geflüchtet hattet."

Das finde ich nach wie vor bestechend charmant: Dass ich die Rolle des Blechtrottels eingenommen habe, der ernstlich glaubte, mich verkörpern zu können. Andererseits, wer sonst sollte die Kopie besser spielen als das Original selbst? Ein paar künstliche Hautlappen und eine Blechplatte genügten. Einige Aussagen, die ich tätigen musste, kamen mir schwer über die Lippen. Dafür ließ ich meinen Überzeugungen mehr als einmal freien Lauf und trotzdem schöpfte niemand Verdacht. Doppelbluff in Vollendung! Bedarf es eines schlüssigeren Beweises für die naturgegebene Überlegenheit der menschlichen Rasse?

„Zwölf Sekunden", sagte ich. „Dann sende ich von hier aus den Funkbefehl, der das Kraftwerk des Transmitter-Moduls, in dem ihr gefangen seid, zur Explosion bringt. Deine Teleportations-Fähigkeit nützt dir nichts, Mäusezähnchen, genausowenig die Telekinese: Elektrochemische Vorgänge entziehen sich deinem Zugriff. Ich würde stattdessen empfehlen, die letzten Gedanken Perry Rhodans zu lesen. *Darum* immerhin beneide ich dich. Gerne wäre ich auch mental live dabei, wenn ein Unsterblicher stirbt. Oder deren zwei ..."

13 – Atacca IV

Man rühmt Perry Rhodan als *Sofortumschalter*. Nie zuvor habe ich verstanden, was das in der Praxis bedeuten soll. Bis er sich den dünnen Chip vom Hals riss, der die Robotermusik abgespielt hatte.

„Wenn die unterschwellig mitgesendeten Impulsfolgen stark genug waren", sagte er, „also genügend Hochrang-Kodes enthielten, um kurzfristig sogar einen dermaßen brisanten Teil der Fabrik einem fremden Kommando zu unterstellen – dann können sie auch den Rechner dieser Empfangsstation soweit irritieren, dass er Tahiters Funksignale negiert. Hilf mir, Gucky! Stell eine Verbindung zwischen dem Abspielgerät und meinem Armband her."

Positronenströme konnte der Mausbiber nicht espern, wohl aber seine unsichtbaren, telekinetischen Finger mit ungemeiner Präzision einsetzen. Abdeckplatten flogen zur Seite, winzige Platinen-Folien verbogen sich, rollten sich auf, formten ein provisorisches Kabel zwischen den beiden Geräten. „Die Tastatur ist angeschlossen", sagte Gucky, mit seinem einzigen Zahn in die Unterlippe beißend, dass sich ein Blutstropfen bildete. „Auf der Orgel spielen musst jetzt du."

Drei Sekunden bis zur Sprengung, zwei. „Einen Versuch haben wir. Mal sehen ... Vorläufig reicht es, den Funkempfang zu blockieren." Rhodan begann zu tippen.

Eine dumme alte Melodie erklang, holprig, hanebüchen intoniert.

14 – Bubbles

Ich drückte auf den Auslöser, sandte den Impuls, der das Triebwerk der Station hochjagen sollte.

Nichts geschah.

Kurz zweifelte ich an meiner Fortune; dann wurde mir klar, dass noch rein gar nichts verloren war. Die Zündung hatten die beiden Aktivatorträger vereitelt. Ärgerlich, gewiss; aber das besagte keineswegs, dass mein Plan gescheitert war. Mir bot sich eine zweite, ebenso finale Option.

Die Erbauer des Fabriks-Habitats hatten es mit starken Geschützen ausgerüstet, zur Verteidigung gegen Raumpiraten und andere potenzielle Aggressoren. Ein Direkttreffer aus einer Transformkanone, noch dazu aus so kurzer Distanz, durchschlug den vergleichsweise schwachen Paratronschirm des Empfangsmoduls garantiert. Die Zentral-Positronik von der Notwendigkeit dieser Maßnahme zu überzeugen, war mir ein Leichtes, sie fraß mir quasi aus der Hand.

Während ich, eskortiert von der Ninja und dem Rubiner, in die kleine Feuerleitzentrale der Fabrik eilte, brach die Funkverbindung zur Empfangsstation ab. Offenbar war es den Aktivatorträgern gelungen, sie zu kappen. Von mir aus: Wir hatten nichts mehr zu bequatschen. Ich bin keiner dieser Trivid-Bösewichter, die stundenlang daherlabern, wie schlau sie sind, statt ihre Gegner einfach abzuknallen.

Es dauerte nicht lange, die Energieversorgung der Transformkanone hochzufahren. Logischerweise war das Geschütz, da zur Abwehr anfliegender Raumschiffe gedacht, ursprünglich auf viel weiter entfernte Objekte eingestellt gewesen. Aber mit Hilfe der Cyborgs visierte ich flott das kugelförmige, stetig vom Habitat wegtreibende Modul an.

Die Kapazitätsanzeige der Kanone stand bei hundert Prozent. Die Zielerfassung rastete ein. Ich hatte den Verräter und sein großmäuliges Haustier im Fadenkreuz ... und erteilte Feuerbefehl. Dort, wo sich die Transmitterstation befunden hatte, erblühte eine Blume aus reiner Energie.

Schön.

„Es ist vollbracht", sagte ich.

„Da wäre ich mir nicht so sicher", erklang hinter meinem Rücken eine piepsige Stimme.

15 – Confession

Ich möchte festgehalten wissen, dass ich dieses Geständnis keineswegs deshalb ablege, weil ich mir davon Strafmilderung erhoffe.

Nichts liegt mir ferner, als mich einem Gericht anzubiedern, dessen Rechtmäßigkeit ich ablehne. Der Grund ist einzig und allein, dass ich die Schilderung der Ereignisse nur dem ausgewiesen besten, mit Abstand integersten Berichterstatter der Galaxis zutraue – und das bin nun mal ich.

Während ich in der Feuerleitzentrale beschäftigt war, gelang es Rhodan und dem Mausbiber, mittels der Kombination von Abspielgerät und Befehlsarmband, den mir nachgebildeten ARIAD-700 zu aktivieren. Der Cyborg besaß sowohl ein internes Funkgerät als auch die Hochrang-Kodes, um den Knotenrechner des Moduls zu unterwerfen und seinerseits mit der Zentralpositronik Kontakt aufzunehmen.

Den Transformbeschuss zu verhindern, schafften sie nicht mehr rechtzeitig; jedoch sehr wohl, eine Strukturlücke in ihrer Paratronblase zu schalten – exakt im selben Moment, da sich auch der Energieschirm des Habitats für das Geschütz partiell öffnete. Die Synchronisation erledigte der Cyborg, den Rest Gucky, dem der Bruchteil einer Sekunde zur Teleportation reichte.

Beim Gefecht zwischen ihm, dem Rubiner und der Leibwächterin ging noch Einiges zu Bruch. Im Endeffekt behielt der Mausbiber die Oberhand. Als schließlich Rhodan, unterstützt von meiner Kopie, die Zentral-Positronik rekonfiguriert hatte, war sowieso alles vorüber. Ich gab mich geschlagen; überwunden, doch mitnichten überzeugt.

Ungebrochen stehe ich zu dem, was ich tun wollte und getan habe. Immerhin wurden zahlreiche Schwachpunkte in der Argumentation der Whistler Company und anderer Gegner der Unbefleckten Menschheit aufgedeckt. Ich habe den Finger in schwärende Wunden gelegt, den Missbrauch avancierter Technologien und menschlichen Erfindergeists für schnöde, kommerzielle Zwecke enthüllt. Dies tröstet mich; wenngleich ich mit dem Ausgang unmöglich zufrieden sein kann und bedaure, dass meine wackeren Mitstreiter nun führerlos dastehen. Selbstverständlich fordere ich für mich die Todesstrafe. Da diese in der Rechtsordnung der Liga *angeblich* Freier Terraner nicht vorgesehen ist, werden mich die Weichlinge, die sich meine Richter schimpfen, stattdessen bloß in eine Anstalt für psi-be-gabte Rechtsbrecher einweisen, vermutlich in den Para-Bunker des Saturnondes Mimas.

Ja, apropos – es bleibt noch nachzutragen, wieso Gucky weder meine Gedanken zu erfassen noch mich bei der Teleportation mit-zunehmen vermochte. Nun, ich bin Rassenmischling und aufgrund väterlichen Erbes Anti-Mutant. Ich kann in keiner Weise parapsy-chisch beeinflusst werden.

Deshalb scheiterte auch Guckys Versuch, mir nach meiner Kapi-tulation einen telekinetischen Fußtritt zu verpassen.

Er musste schon sein reales Bein bemühen und den sehr spitzen Stiefel.

16 – Extro

In memoriam

I picture you under a cloudless sky,
Stars shining bright and spaceships drifting by.
Your eyes are sparkling like morning dew.
I never got to tell you how much I owe you.

Thank you for showing me the Milky Way,
For telling stories 'til the break of day.
Tales of tomorrow, both fantastic and true…
There's more, but first and foremost:
Thank you for being you. For not betraying me, too.
Thank you for staying and helping me through.

I do confess there were times
In the darkness of night,
When I nearly lost you out of sight…

When I came back to you, you smiled at me,
Offering comfort and tranquility.
Tales of tomorrow, both fantastic and true…
There's more, but first and foremost:
Thank you for being you. For not betraying me, too.
Thank you for staying and helping me through.

When no one else seemed to care
In times of trouble and despair,
Yet you have always been there…

I picture you under a cloudless sky,
Stars shining bright and spaceships drifting by.
Your gaze is focused, there's a smile in your eyes.
How much you meant to me, I barely realize.

Thank you for showing me the galaxies,
Talking 'bout justice, dignity and peace.
Tales of tomorrow, both fantastic and true…
There's more, but first and foremost:
Thank you for being you.

(*Gewidmet allen Mitgestaltern und Fans der Perry Rhodan-Serie, die uns vorausgegangen sind.*)

„Es ist nicht so wichtig, was man hat.
Hauptsache, es fehlt einem nichts.“
(Lieblingsspruch meiner Oma)

Mizzi

Sie war ein Kind von 86 Jahren.
Wenn im Fernsehn Heinz Conrads kam, sagte sie: „Grüß Gott!"
Sie ist ihr Lebtag lang nie mit dem Schiff gefahren,
Und Telefone hasste sie; und Vollkornbrot.

Sie hat im ganzen Leben einmal einen Mann geküsst,
Der ließ sie, als sie schwanger wurde, sitzen.
Sie hat ihn trotzdem auf der Straße immer freundlich gegrüßt.
Sie hieß Maria, doch auf ihrem Schild stand: „Mizzi".

Sie nähte Hemden, Taschentücher, Unterhosen.
Sie stickte Monogramme, blau auf weiß.
Sie hat nie Glück gehabt mit ihren Klassenlosen,
Doch war sie glücklich. Abends aß sie jeden Tag Milchreis.

Im Jahre `42 wurde sie verhaftet.
Fast hätte man sie ins KZ gebracht.
Sie hat den Hitler immer ziemlich blöd gefunden,
Und seinen Gauleiter, den hat sie ausgelacht.

Und mit dem Teppichklopfer hat sie ihn verprügelt,
Wie damals, als er ihr Pralinen stahl.
Sein Vater hat das grad noch ausgebügelt.
Dafür hat er die Hemden nicht bezahlt.

Sonst hat sie nicht besonders viel erlebt.
Mit siebzig Jahren streifte sie ein Mopedfahrer.
Da hat sie dann zu nähen aufgehört,
Und ihre Friedhofsgänge wurden rarer.

Sie hatte nur noch einen Zahn im Mund.
Mehr wäre auch nicht nötig, meinte sie.
Die Brille war ein Erbstück. Sie war klein und kugelrund,
Und ihren Krückstock, den verwendete sie nie.

Oft schlief sie über ihrer Zeitung ein.
Im Fernsehn sah sie Eishockey am liebsten,
Speziell wegen der Massenrauferei'n.
Da lachte sie, und ihre Vögel piepsten.

Dann fand sie langsam, ihr sei eigentlich schon fade,
Und sie fing an, sich auf das Himmelreich zu freu'n,
Und sagte höflich: „Wiedersehn!" zu den Verwandten,
Und schlief ganz unauffällig, freundlich lächelnd, ein.

Wenn's einen Himmel gibt, dann wegen solcher Leute.
Begraben werden wollte sie mit Hut.
Sie hinterließ mir einen blau bestickten Polster,
Auf dem steht: „Ich bin ledig. Mir geht's gut."

Zehn Thesen zum Steirertum

(In Verneigung vor R. P. Gruber)

1. Zu Recht als Krone der Schöpfung versteht sich der Steirer.

2. Mit dem Steirer ist automatisch immer die Steirerin mitgemeint, da sie ohne ihn undenkbar wäre, weshalb sie keiner weiteren Erwähnung bedarf.

3. Die Sonderstellung des Steirers zeigt sich darin, dass man überall auf der Welt Steireranzug trägt, jedoch nirgends in der Steiermark einen „Weltanzug". Merke: Im Zweifelsfall setzt die steirische Heimatliebe die Erdanziehung und alle anderen Naturgesetze außer Kraft.

4. Die Einzigartigkeit der Steiermark lässt sich logisch ableiten daraus, dass nur die Steiermark Steiermark-förmig ist, und zwar exakt.

5. Unmittelbar hinter der steirischen Landesgrenze verdüstert sich schlagartig die Umgebung zu unsteirischer Freud-, Lust- und Trostlosigkeit. Allerdings vermag schon die Präsenz einer Kleingruppe von Steirern, z. B. von organisierten Anhängern des SK Sturm, selbst diese Ödnis kurzfristig zu erhellen.

6. Denn dem Reinen ist alles rein, dem Steirer alles steirisch. Wie Parzival, der heilige Tor, zieht er Stolz aus seiner intellektuellen Unbeflecktheit: „Da Voda hot gsogt, i sull's Hei owatrogn. Hob'n folsch vastaundn, hob's Kaibl daschlogn. Holladaro, jo des is da steirische Brauch!"

7. Der Steirer bleibt lebenslänglich „Bua", wird also im steirischen Kern niemals erwachsen. Selbiges Kern-Herz bildet zugleich das Herz Österreichs, Europas und des gesamten Universums.

8. Müßig zu erwähnen, dass nur ein Steirer fünfmal hintereinander „Mister Universum" werden konnte.

9. Der Steirer ist immer auch „Bergbauernbua" (als Grazer: „Schloßbergbauernbua").

10. Einzig den Steirern gelingt es, zeitwörtlich Eingang in den Sprachschatz gefunden zu haben: „Aufsteirern" bezeichnet dreitägige Weihespiele, den altrömischen Saturnalien vergleichbar, bei denen in Lederhose und Dirndl die gute alte Zeit des Ständestaats beschworen wird. Derlei kennt kein anderes Bundesland. „Abkärntnern", „Hersalzburgern" oder „Hineintirolern" klänge peinlich anmaßend; und über das „Wienern" (polieren, wachsen, wichsen) breiten wir sowieso den tannengrünen, raureifbedeckten, schweißfeuchten Hubertusmantel des Schweigens.

**stets grün umrandet
sind die münder der steirer
weil immer im öl**

Da mir für das auf der vorigen Seite abgedruckte, dreizeilige Gedicht partout kein Titel einfallen wollte, habe ich via Facebook um Hilfe gebeten – und fast fünfhundert Antworten geerntet. Folgende Vorschläge langten ein (allerdings auch Hinweise darauf, dass Haiku generell unbetitelt sein sollten, bzw. dass es sich bei meinem – strenggenommen – gar nicht um ein Haiku handle, sondern um ein Senryu):

STEIKU. Manna. Markwürdiges. Superfood. Ge_dicht.

„i liassat kernöl für die wochsn ohne kirschrum." – „Eh!"

Des Kürbis' Kern. Blaue Mark. Öliges Sein. Steirerdumm.

Haikuido. Farbenspiel. Der Kontext der Männer. Von der Natur der Sprache.

Höll Boll. Ölgötzen. Landläufig. Fett-Reich/fettreich/im Kern fettreiche Wahrheiten.

Plutzervampir. Kürbis(s)wunde. Kernhagelvoll. Leckomio.

Markgeheimnisse. Markelixier. Markgold. G'schmackig's Lebenssaftl.

Von Johannes Albrecht Geist-Herz, dessen Wunsch nach Namensnennung ich gern erfülle, kam: Schieferfett. Saufalter (mit der Mehrfachbedeutung „Sauf, Alter!"/"Sau, fallt er?"); Grearoudschwoadsblaou.

Pumpzua. Leck Fett'n (mehrfach, in diversen Variationen, u. a. italienisiert als „Affetto"). HAImatKUnde. Tu felix Styria. Steirerkuss. Kernland. Heimat großer Kürbiskinder. Greafotzn. Steirermund tut Wahrheit kund. Gründer. Merk-mal. Türkis. ZERST. Mund-Art. Mundharmonie. Kernölgoscherl. Ölpermanenz. F.i.T. Lebenssaft. Aumosti (Anm.: steirisch für betrunken sein). Kaltgepresst. Kurzes, aber ehrliches Liebesgedicht an die Heimat. Steirer innen. Aura. Dahoam is dahoam. Im Rahmen. Schwarzes Gold. G'mischter Satz. Reparaturmarinade. Der steirische Brauch. Brauchtum. Kürbisgoscherl. Plutzerfett.

Außerdem entstand dabei noch weitere, auf 17 Silben reduzierte Lyrik (von Richard Wissinger):

Voll der Erwartung
Sind die Leser des Lukas
Auf seinen Frühherbst.

Danke, liebe Leute!

Im Knittelfelder Bahnhofsresti

Im KNIT - TEL - FEL - DER BAHN - HOFS - RE - STI, DA HÄNGT EIN HIRSCH - GE - WEIH. DAS
EX - TRA - STÜ - BERL STEHT EIN AUS - GE - STOPF - TER GRIZZ - LY - BÄR, DER

HIRSCH - RA - GOUT KOMMT JE - DEN DON - NERS - TAG FRISCH AUS DER TSCHE - CHEI. DER KELL - NER MIT DER
DREHT, WENN MAN ZWEI EU - RO EIN - WIRFT, DEN SCHÄ - DEL HIN UND HER. MIT LE - O - PAR - DEN -

HA - SEN - SCHAR - TE TRÄGT HIRSCH - HORN - KNOPF - SAK - KO, UND DIE KRE - DENZ VORM KLO IST - DAS
FEL - LEN SIND - DIE WÄN - DE TA - PE - ZIERT, UND AUF DEM BI - SON SITZT - DER

HIRSCH - SEI - FEN DE - POT. DRIN - NEN IM NIERT. UND DA - RUN - TER IN DER
WIRT UND O - NA -

DIS - CO TAKE FIVE TANZT DIE SCHWAR - ZE MA - DO - O - O - ON - NA, UND AM SAMS - TAG IST

SWIN - GER - KLUB VOM SPAR - VE - REIN "ZUR NU - DEL DICK - EN DIRN". UND DER PÄCH - TER VON DER

DIS - CO TAKE FIVE UND DIE SCHWAR - ZE MA - DO - O - O - ON - NA SIND DER HAUPT - PREIS DER

TOM - BO - LA, UND WER ZWEI - TER WIRD -, DER DARF FO - TO - GRA - FIERN.

169

Im Knittelfelder Bahnhofsresti, da hängt ein Hirschgeweih.
Das Hirschragout kommt jeden Donnerstag
Frisch aus der Tschechei.
Der Kellner mit der Hasenscharte trägt Hirschhornknopfsakko,
Und die Kredenz vorm Klo ist das Hirsch-Seifen-Depot.

Drinnen im Extrastüberl steht ein ausgestopfter Grizzlybär,
Der dreht, wenn man zwei Euro einwirft, den Schädel hin und her.
Mit Leopardenfellen sind die Wände tapeziert,
Und auf dem Bison sitzt der Wirt und onaniert.

Und darunter in der Disco „Take Five" tanzt die schwarze Madonna,
Und am Samstag ist Swingerklub vom Sparverein
„Zur Nudeldicken Dirn".
Und der Pächter von der Disco „Take Five"
Und die schwarze Madonna
Sind der Hauptpreis der Tombola,
Und wer Zweiter wird, der darf fotografiern.

Am Gang zur Kegelbahn befindet sich ein Erdnussautomat,
Der auch schon Einiges von dieser Welt gesehen hat.
Die Kegelbahn dient seit vielen Jahren als Asylantenheim,
Drum kann man nur mehr Montag bis Freitag Kegel scheibm.

Droben am Dachboden, wo Opa in Ruhe den „Landser" lesen kann,
Da baumelt vom Gebälk ein Seil mit einer Schlinge dran.
Die Bretter drunter wurden auch schon lang nicht mehr getüncht.
Und überhaupt wird heutzutag seltener gelyncht.

Und darunter in der Disco Take Five ...

Draußen am Bahnsteig sitzt der Hofrat mit dem Komodowaran.
In drei Minuten kommt der Eilzug aus Stainach-Irdning an.
Vielleicht steigt jemand aus mit einem Hund – das wär ein Fest,
Weil dann der Hofrat seinen Waran von der Leine lässt.

Und der eine fährt nach Bruck an der Leitha,
Und der and're nach Verona.
Und der eine hat ein Weckerl mit,
Und der andere ein Puten-Gordon Bleu.
Und der eine trinkt ein „Lattella light",
Und der and're ein „Corona".
Und sein Nachbar im Eurocity hat Neurodermitis
Und hört André Rieux.

Und darunter in der Disco Take Five ...

Zwetschkenknödel

Das Paradies stelle ich mir, wenn schon, dann als einen Ort vor, an dem keine Witze erzählt werden: Weil sie nicht mehr nötig sind. Hingegen leuchten von allen Wänden der Hölle immer dieselben drei uralten Klosprüche, in Flammenschrift. Und gepiesackt wirst du nicht von Teufeln mit Dreizacken, sondern von zwangssanguinischen Gestalten, die dir unaufhörlich halblustige Gags aufdrängen.

Auf Erden freilich brauchen wir Humor, vor allem Selbstironie. Im Grunde ist, wenn ihr mich fragt, jedes Theater eine Freakshow, ein Kuriositäten- und Monstrositätenkabinett. Und jedes Solokabarett dreht sich um immer dieselbe Frage: Wie kommt ein einzelner Mensch mit sich und der Welt einigermaßen zurecht?

Hm … Jedenfalls nicht, indem man feig mit dem Finger auf ein noch ärmeres Würstel zeigt, damit man selbst als der starke Maxi dasteht. In der Volkschule haben wir das gemacht, und im Gymnasium auch noch: Einen Schas gelassen, den Nachbarn angeschaut und scheinempört gerufen, „Pfoah, du stinkst!"

Irgendwann, finde ich, sollten wir aus diesem Alter heraus sein.

*

In der Genealogie unserer Familie bin ich Leo Lukas III.

Der Zweite war ein Onkel, der jüngere Bruder meines Vaters. Über diesen Leo wurde mir erzählt, dass er ein sehr lustiger und begabter Kerl war, der gleichzeitig akrobatische Tricks auf Schiern vollführen konnte und dabei freihändig auf einer winzigen, zwischen die Lippen geklemmten Mundharmonika spielte. Leider lernte ich ihn nie persönlich kennen. Er ist im Zweiten Weltkrieg umgekommen, abgeschossen als Fallschirmjäger, beim Angriff auf Kreta. Kanonenfutter, wie man so sagt.

Leo Lukas der Erste, mein Großvater, kam 1885 zur Welt, in Mariazell, während einer Wallfahrt; die Uroma hatte sich wohl zu viel zugemutet. Er wuchs in Gollrad auf, im „Knappengraben". Da ein naher Verwandter, ein relativ gutsituierter Mühlenbesitzer, keine leiblichen Nachkommen hatte, nahm er den Buben an Sohnes statt an (wodurch dieser den schönen Namen Leo Leodolter bekam). Allerdings gebar Frau Leodolter einige Jahre später dann doch noch einen Stammhalter, und das Arrangement wurde rückgängig gemacht, was zu einem nie mehr behobenen Zerwürfnis führte.

Wieder als Leo Lukas übersiedelte mein künftiger Opa in eines der vielversprechendsten Braunkohlenreviere Europas, nach Maria Lankowitz im Bezirk Voitsberg. Zwischenzeitlich, wie er meinte; er trug sich mit dem Gedanken, nach Amerika auszuwandern. Was allerdings durch eine innerfamiliäre Intrige – die Eltern fürchteten den Verlust der Dienstwohnung – mittels des vorgesetzten Obersteigers verhindert wurde.

Notgedrungen blieb Leo I. also, wo er war, und begann, sich politisch zu engagieren. Er brachte es bis zum Vizebürgermeister. Obwohl man ihm nachsagte, „Wenn der Lukas wo auftaucht, wird gerauft."

∗

Schließlich bestreikten sie, um gewerkschaftliche Forderungen durchzusetzen, den Bergbau.

Unter Tag, im Fels. Hunderte Meter tief. Ohne Sonnenlicht. Ein paar Dutzend ungewaschene Männer, die einander zum Glück schon bald nicht mehr riechen konnten. Monatelang. Sie schickten Dossiers hinauf, an ihre Frauen, was diese über den einzig freien, eroberten Schacht nach unten liefern sollten.

Sie erlaubten sich einen Spaß, hat mir mein Opa erzählt, mit einem der ihren. Indem sie heimlich dessen Zettel austauschten gegen andere, auf denen immer nur stand: „Zwetschkenknödel". So kam es, dass dieser arme Bergmann, wann immer eine Lieferung von oben kam, Zwetschkenknödel erhielt. Sie haben viel gelacht darüber, hat mir mein Großvater erzählt, damals, da unten.

Und selbstverständlich haben sie ihre Menage mit ihrem Kumpel geteilt, im Austausch gegen Zwetschkenknödel. Als Sieger stiegen sie, nach Monaten im Dunklen, alle wieder einigermaßen heil hervor ans Tageslicht.

Was sie erzwangen: relative Unabhängigkeit vom Großkapital. Nicht sonderlich höhere Löhne, sondern eine gewisse Autarkie in Form von günstigen Wohnungen mit angeschlossenen, großen Gärten zur Selbstversorgung sowie ein garantiertes „Deputat" an (selbstgeschürfter) Heizkohle.

Ein paar Jahrzehnte danach gehörte ihnen, bzw. uns, den Enkeln: Eine Bank, die BAWAG.

Ein Netz von Nahversorgungsbetrieben, der KONSUM.

Eine Zeitung, die ARBEITERZEITUNG, und ein Verlag namens VORWÄRTS, der sehr bedeutsame Schriften veröffentlicht hat.

*

Nichts davon existiert mehr.

Alles ist dem neoliberalen Zeitgeist geopfert worden. Ohne Not; einzelne Funktionsträger sind den Verlockungen der „Privatisierung" erlegen. Irgendwann – wir Nachgeborenen haben es, zu unserer Schande, lange nicht bemerkt – begannen sich die Uhren wieder rückwärts zu drehen. Mittlerweile fordern manche Großindustrielle bereits das Verbot der Gewerkschaften, und die Aufschreie dagegen sind erschreckend leise.

Ich gestehe, ebenfalls schon mit dem Rückzug aus der öffentlichen Diskussion, wie etwa auf Facebook, geliebäugelt zu haben. Ach, es ist so mühsam, es kostet so viel Zeit und Energie …

Unrecht geschieht. Praktisch täglich. Ganze, bestens integrierte Familien werden nach vielen Jahren, in denen sie sich weidlich bemüht, freudig angepasst und viel zum Gemeinwesen beigesteuert haben, plötzlich brutal abgeschoben; desgleichen herausragend fähige Lehrlinge, gegen den Willen ihrer Lohngeber; sogar junge Spitzensportler, die bereits Titel für Österreich errungen haben.

Warum?

Im Prinzip handelt es sich dabei um Menschenopfer. Menschenopfer, dargebracht am Altar einer politischen Religion, die in ihrer deklarierten Unerbittlichkeit – wie auch in der abgehobenen, elitären Führungsstruktur – frappant den fundamentalistischen Geisteshaltungen gleicht, die zu bekämpfen man vorgibt.

Ja, Menschenopfer. Wie damals bei den Azteken.

Dass sie die Falschen bestrafen, und nicht selten rechtswidrig – geschenkt. Nein: wahrscheinlich sogar beabsichtigt. Jeder Protest der Zivilgesellschaft verstärkt die Botschaft und befriedigt die aufgeganselten Anhänger. Derweil die Gutwilligen von Tag zu Tag mehr entmutigt werden.

Genau das wollen die aktuell Regierenden bewirken.

*

Ich bezeichne mich als „hoffnungslosen Optimisten". Daher glaube ich, dass es sich bei den derzeitigen, für Einzelne so tragischen Gemeinheiten um das letzte Aufgebot einer untergehenden Ära handelt.

Ja, es ist schlimm, was sie anstellen. Gewiss werden sie, ehe ihnen Einhalt geboten wird, weil das Pendel wieder nach links ausschlägt, noch Einiges mehr kaputt gemacht haben.

Na schön. Dann müssen wir halt, wieder einmal, von Vorne ansetzen. Umso fröhlicher werden wir, oder unsere Kinder, den Schutt aufräumen und die Fundamente für eine Welt legen, die endlich allen Menschen, und allen sonstigen Lebewesen, gleich faire Chancen bietet.

Die Bösmenschen wehren sich und sperren sich mit allen verfügbaren Mitteln. Aber sie sind trotzdem, trotz alledem, in Wahrheit längst Geschichte. Mit uns zieht die neue Zeit.

Es wird lange, dunkle Nächte geben, liebe Leute.

Aber auch Zwetschkenknödel.

Verdient

Gewidmet meinem Vater, dem Bergarbeiter Karl Lukas

Jed'smol wieder, wenn der Wecker läut,
Kummt da vor, des is vüül zfruah.
Trotzdem stehst du auf, weil jetzt da Orbeitstog beginnt.
Und ma muss schaun, dass ma wos verdient.

Putzt die Zähn, schlupfst in die Montur. Gehst a Stund lang hüglauf.
Derweil da Morgen graut, greifst da des Werkzeug aus dei'm Spind.
Und do host no nix verdient.

Steckst die Stechkortn in die Uhr. Tschack! – Jetzt bist registriert.
Sogst der Sunn' ade. Eisig ziagt in da Gruabm da Wind.
Der Kaffee is stork verdünnt.

Aufpassen, wo ma die Stempel setzt, dass der Berg net rebelliert,
Waunnst den Fölsn sprengst. So, dass ma möglichst vüül gewinnt,
Damit ma wos verdient.

Drei Kollegen host aussazaaht, und die teuren Druckanzüg'.
Beide Orm vabrennt. Drauf homs da a Blechmedaille verliehn:
„Die haben Sie sich verdient."

Drei Johrzehnte, des gspiast daunn schon.
Des Rheuma bleibt net aus,
Und die Knia san hin. Sollt ma schaun, dass ma aunderswo wos findt.
Aa waunn ma weniger verdient.

Knopp vier Joahr hättn dir noch gföhlt auf a brauchbore Pension.
Stott Kohlen homs Leut obbaut.
Grad, dass net ghaassn hot: Verschwind!
Des host da net verdient.

Und daunn verjankern s des Gewerkschoftsgöld.
Der Minister in der Bank:
Waunns d des gsegn hättst, wie dieser Rotzbua deppert grinst!
Als wär' es sein Verdienst.

I glaub net, dass du zuaschaun kaunnst, wos i do fabrizier'.
Vielleicht wärst du stolz, obwohl i nix Ordntlich's worden bin.
I kämpf, dass i s verdien.

aa:	auch
aussazaht:	heraus gezerrt
ghaassn:	geheißen
gspiast:	spürst du
Orm vabrennt:	Arme verbrannt
Rotzbua:	sinngemäß ein wenig gebildeter Emporkömmling
Stempel:	vertikale Verstrebung im Bergbau
Sunn':	Sonne
verjankern:	verspielen
zfruah:	zu früh

Alles retour!

Eines schönen Tags geriet ich, vor einer eher unbekannteren Male-
dive war's, in Seenot. Wie, ist mir peinlich und tut auch nichts zur
Sache. Hierzu nur ein Tipp unter Freunden: Man sollte, wenn man
allein mit der Motoryacht unterwegs ist, nicht vergessen, die Leiter
runterzuklappen, bevor man ins Wasser springt.

Jedenfalls kam ich nicht mehr an Bord und drohte zu ertrinken,
was nun doch ein gewisser Verlust für die Literaturgeschichte, vor
allem aber für mich gewesen wäre. Glücklicherweise wurde ich in
letzter Minute gerettet, und zwar indem ich mir Schwimmreifen und
Seil zuwarf und mich aus dem Wasser fischte.

Sie haben schon richtig gelesen.

Ich – also Erich, nicht Ichich – war eine etwas ältere Ausgabe von
mir und erklärte, nachdem ichich wieder zu mirich gekommen war,
erich sei aus der Zukunft zu meiner Bergung angereist, via Zeitmaschine. Erich könne michich schließlich nicht gut ersaufen lassen,
allein schon aus Eigeninteresse. Hernach schenkte erich mirich noch
einige mitleidig-mutmachende Blicke sowie weise Ratschläge („Iss
mehr Obst, halte dich von unechten Rothaarigen fern und verwette
kein Geld darauf, dass Österreich in den nächsten Jahrzehnten Fuß-
ballweltmeister wird!"), dann löste erich sichich, freundlich winkend, in Luft beziehungsweise Futurum auf.

Irgendwie beschleicht mich das Gefühl, das Sie gerade die Stirne
runzeln, meine Lieben. Na gut, ich gestehe, ein wenig geflunkert zu
haben. Über Obst ist nicht gesprochen worden.

Gleichwohl, ein solches Ferienerlebnis gibt einem zu denken.

Besteht deswegen Anlass zur Sorge? Kaum. Für eine zünftige Zeit-
reise muss immer Zeit sein. Und wenn nicht heute, dann gestern.

Dass Erich rechtzeitig erschienen ist, beweist ja, dass Ichich in
nicht ferner Zukunft eine Zeitmaschine finden und dazu benutzen
werde, um ihmich aus dem Schlamassel zu helfen, in das erich sichich wieder einmal hineingeritten hat, der Depp; wo und wann,
habe ich mir auf so vielen verschiedenen Zetteln notiert, dass ich es

mittlerweile in- und auswendig weiß. Obwohl derlei Aufwand, rational betrachtet, nicht nötig wäre: Ich kann`s ja gar nicht nicht schaffen – sonst wäre ich nämlich bereits eine Wasserleiche. Logisch, gell? Ähem.

Wie auch immer – wenn das Zeitreisen erst einmal funktioniert (und das wird bald sein, denn ... s. o.), wird die Touristikbranche boomen wie nie zuvor. Aber alle anderen auch! Schließlich fallen erkleckliche Lohnnebenkosten weg. Wenn Sie morgen null Uhr für neuneinhalb Wochen in die Vergangenheit jetten und heute um Mitternacht zurückkommen, benötigen sie dafür keinen einzigen Urlaubstag. Im Gegenteil: Falls gerade recht viel zu tun ist, kehren Sie eben ein paar Tage früher wieder, dann können Sie sich vorvorgestern, vorgestern und gestern selbst zur Hand gehen. Das lässt sich beliebig oft wiederholen. Sie werden also auch im ärgsten Stress noch reichlich Zeit für die Familie haben (genauer gesagt: eine/r von Ihnen für eine von ihnen).

Andererseits wird's in gewissen Sparten natürlich Kürzungen setzen. Die Philharmoniker zum Beispiel werden nur mehr je eine Person an Geige, Bratsche, Cello sowie an allem Übrigem benötigen. Michael Niavarani wird ganz alleine „Ben Hur" aufführen, und zwar in sämtlichen Römersteinbrüchen der Welt zugleich. Auch Alfons Haider kann endlich mit sich selber Duett singen. In der Fußball-Bundesliga spielt jede Woche fünf- bis zehnmal Red gegen Bull ... Okay, soweit sind wir mehr oder minder heute schon.

Wie auch immer, ich denke, Sie verstehen das Prinzip. Und alle, alle, alle werden wir an der Börse spekulieren und nur gewinnen. Außer diejenigen, welche einen derartigen Schleim auf sich haben (z. B., weil sie sich dennoch mit unechten Rothaarigen eingelassen haben), dass sie sich aus purem Trotz extra keine brauchbaren Informationen aus der Zukunft überbringen.

Schön blöd. Aber auch solche soll`s geben.

Zwischendurch ein Liedtext ohne Noten,
weil die Musik von den Beatles stammt
und leicht unter dem Titel „Rocky Racoon"
aufzufinden ist. Falls Gitarren zur Hand,
spielen Sie einfach Am – D7 – G7 – C (E7),
und zwar jeweils pro zwei Zeilen.

Thorsten, der Dorsch

Gar nicht lang ist's her, da lebte im Meer
Vor Sylt ein Dorsch namens Thorsten.
Der sprach: „Die Waterkant ist mir allzugut bekannt.
Ich will zu Bergseen und Adlerhorsten!
Im Salzkammergut, hör' ich, da kamma gut
Ein fesches Elritzerl erwischen!"
So fuhr im Coupé er zum Wolfgangsee
Und den goldbehaubten Fischen ...

Thorsten, der Dorsch schwamm unheimlich forsch
Alsbald hin zum nächsten Weiberl.
Doch die Reinanke sagte: „Nein, danke –
Schleich dich, bei mir host ka Leiberl!
Siehst du den Hecht, der grod umaspächt?*
Er ist fast so groß wie ein Keiberl:**
Das ist mein Schorsch. Und jetzt zupf dich, du Dorsch,
Sonst kriegst du ein Ohrenreiberl!"

Thorsten sprach: „Puppe, dein Hecht ist mir Schnuppe.
Den schuppe ich samt seiner Borsten.
Ich bin nämlich stark wie einstens die Mark,

---

*   kritisch in diese Richtung äugt
**   Kälbchen

Und außerdem heiße ich Thorsten."
Darauf gabs Krawall. Ja, hart ist nun mal
Das Leben in den Bundesforsten.

In dessen Gemächt biss Schorschi, der Hecht
Thorsten, den Dorschen, den forschen.
Und sprach: „Lass in Ruh meine Reinanke du, und tu
Mich nie mehr verorschen, bitt´gor scheen!
Das ist kein Schmäh, du bist Dorschfilet,
Wenn ich noch einmal dich dort seh!" -
Thorsten sah´s ein und fuhr wieder heim.
Seither bleibt er in der Nordsee.

Schorschi und Co. taten lange noch froh
Im Siegestaumel sich aalen.
Doch sind solche G'schichten folgenlos nicht, denn
Jetzt sinken die Nächtigungszahlen.

Im AKH

Ich sitz' ganz gern für ein paar Stund' im Foyer vom AKH.
Da geht's den ganzen Tag lang rund, da ist immer ein Trara!
Die Leute gehen ein und aus. Gut, manche geh'n nur ein.
Sonst würde ja das Krankenhaus auf Dauer wohl zu klein.

Die einen rennen voller Stress durchs Foyer vom AKH.
Die ander'n ham was Schleichendes. Die sind schon länger da.
Wer krank ist und wer g'sund, durchschaut man nicht in jedem Fall.
Nur die mit b'sonders blasser Haut gehör'n zum Personal.

Sehr gern mag ich die Unfallpatienten
Mit den Verbänden auf Nase, Aug und Ohr.
Und seh' ich wen mit eingegipsten Händen,
Stell ich ihn mir beim Eh-scho-wissen vor.

Es gibt fast alles, was man braucht, im Foyer vom AKH:
A Post, a Bank, a Tabaktrafik, auch an BILLA und an SPAR.
Der Bandagist, gleich den Gang hinein,
Verkauft Schuh' im Einzelstück.
Was praktisch ist, denn das Raucherbein bleibt ja im AKH zurück.

Man sieht auch Leut', die führ'n mit sich ein Wagerl,
Aus ihrem Magerl führt ein Schlauch in es hinein.
Und andre ziehn ein G'sicht, von einem Schlagerl.
S' ist traurig, doch erheitert ungemein.

So mach' ich oftmals mir a Hetz' im Foyer vom AKH.
Das ist ein Posten, den ich schätz'. Sonst säße ich nicht da.
Mein' Unterhalt bezahlt mir, ziemlich nobel, die Stadt Wien.
Wie schön, dass ich zwar Stadtrat, doch „nicht amtsführender" bin.

Der gelbe Horror

Wenige wissen, dass die Post-its, jene kleinen Notizzettel, die sich fast überall applizieren lassen, von einem Burgenländer gleichen Namens erfunden worden sind.

So etwas ist durchaus üblich. Das Saxophon geht ja bekanntlich auf einen Monsieur Sax zurück, und der Wankel-Motor auf einen Herrn Wankel; ungünstiger Weise, in letzterem Falle. Denn obwohl dieser Motor sogar ausgesprochen rund läuft, konnte er sich wegen der blöden Benennung nie so recht durchsetzen.

Franjo Postits hingegen, geboren in Großwarasdorf/Veliki Boristof, kam seine Abstammung nach erfolgter Übersiedlung in die größte burgenländische Stadt Chicago durchaus zupass. So trat seine Erfindung bald ihren Siegeszug um die Welt an. Zumindest hat mir das mein Stinatzer Kollege Thomas Stipsits glaubhaft versichert (durch dessen Familie übrigens der Begriff „Stippvisite" geprägt wurde; sinngemäß: wenn man nur ganz kurz auf vier- bis fünfundzwanzig Spritzer vorbeischaut).

Grundsätzlich sympathisiere ich mit kreativen Köpfen. Habe schließlich selbst schon einiges erfunden. Zum Beispiel eine Pool-Billard-Variante, bei der Spieler unterschiedlichen Niveaus ihren Spaß haben können. Das geht so: Jede/r wählt drei der nummerierten Kugeln aus, indem er/sie verdeckt drei Zahlen von eins bis fünfzehn auf einen Bierdeckel schreibt. Gewonnen hat, wessen nominierte Kugel als letzte übrigbleibt. Man muss deshalb bluffen und in manchen Situationen absichtlich danebentreffen, was aber bei schlechten Spielern schwer zu erkennen ist. Sollten Sie einmal probieren! Statt Bierdeckel können Sie natürlich auch gummierte Zettel verwenden.

Gleichwohl habe ich Meister Postits für seinen Geniestreich schon oft verflucht. Ich meine, in Büros mögen die Dinger ganz praktisch sein, solange nicht dein Computerbildschirm damit volltapeziert wird. Wann immer jedoch der gelbe, viereckige Horror in Wohnräumen auftaucht, ist rasche Flucht angebracht.

Einmal begab es sich, dass meine Herzliebste und ich ein schottisches Landhäuschen mieteten. Ich war von Anfang an deutlich weniger begeistert als die damalige Lebensabschnittspartnerin, welche es extrem romantisch fand, fernab der Zivilisation in der Waldeinsamkeit zu logieren, wo sich Hase und vor allem Fuchs vor Blaublütigen auf Blaubluten verstecken. Schloss Balmoral lag haarscharf um die Ecke. Wir hätten mehrfach beinahe die Queen sehen können.

Sicher, mich nervt es ebenfalls, wenn am späteren Vormittag alle drei Minuten ein Zimmermädchen an die Hotelzimmertür trommelt und mit hartem Akzent plärrt, ob man nicht endlich frühstücken gehen will. Aber dafür wechseln sie dann auch die Leintücher, ohne den Rotweinfleck schriftlich zu kommentieren.

Dr. Mackintosh jedoch, der Besitzer besagter Highland-Hütte, fühlte sich bereits am zweiten Tag bemüßigt, ein Post-it mit detaillierten Waschanleitungen zu hinterlassen, sowie auf einem weiteren Zettelchen eine winzige, schematische Darstellung, wie die Fahrräder nach Gebrauch zu reinigen und wieder im Schuppen einzuparken wären. Wir bekamen ihn nie zu Gesicht. Er hielt immer nur Nachschau, wenn wir außer Haus waren, schien uns also aus der Ferne zu beobachten – was der Romantik doch recht bald ein wenig Abbruch tat.

Nach jeder Rückkehr aus der moorigen Umgebung entdeckten wir an immer neuen Stellen kleine, hellgelbe Hinweise. Stets waren sie äußerst höflich formuliert („Bitte die im WC aufliegenden Zeitschriften nicht zum Ausstopfen der feuchten Fußbekleidung zu verwenden"). Trotzdem entwickelten wir noch vor Ablauf der ersten Woche eine veritable Paranoia, sowie panische Abscheu davor, irgend etwas im Haus zu berühren, eingeschlossen uns selbst.·

Die Klebezettel vermehrten sich trotzdem exponential. Plötzlich erkannten wir die Doppelbedeutungen der Begriffe „Etikette", „herumpicken" und „Haft-Bedingungen".

Als über der Wohnzimmercouch eine auf vier Post-its verteilte, maßstabgetreue Skizze erschien, betreffend die ideale Anordnung der Zierpolster, verzogen wir uns in ein Hotel auf den äußeren Hebriden. Dort sind zwar sonntags sämtliche Restaurants und Geschäfte geschlossen, aber wenigstens informiert dich darüber niemand mittels gelber Papierln.

Nun aber wappnö dich, schareckhafter Zuschauär!
Tausend Geschichtön magst du gehört hobän
über Geistär und Geschapenstär,
Monstär und Missageburtän.
Das Folgöndö jedoch
wird dir den kaltön Schaudör über den Rücken jogän
und das Balut in deinen Odern gefrieren lossän.
Es ist
der Bericht
von einem garauenvollän ...

Elternabend

Psychodrama in einem Aufzug

Personen:

Frau Marandanna Katholner, Klassenlehrerin
Frau Nadja Tiger, Betreiberin einer Dessousboutique und Hausfrau
Frau Bhagavadgita Mondkind Windharfe Baumraunen Wolfmeier-Wiltschek, genannt „Gitti", freischaffende Lyrikerin und Hausfrau
Frau Kunigunde Wexelberger, Drogistin und Hausfrau
Frau Ivona Sobieskaya, Haus- und illegale Putzfrau
Weitere 23 Haus-und-Irgendwas-Frauen
Frau Yüksel Kratochwil, nur Hausfrau
Herr Arpad Huladek, Schulwart
Herr Otto Blume, arbeitsloser Jazzmusiker, derzeit Hausmann

Das Klassenzimmer der 4A. An den Wänden Kinderzeichnungen, Tierbilder, mehrere verkleinerte Darstellungen eines antiken Hinrichtungsinstruments sowie eine gerahmte Fotografie des Bundespräsidenten, auf der zahlreiche Papierkügelchen kleben.

28 Mütter und ein Vater haben auf den niedrigen Stühlen ihrer jeweiligen Sprösslinge Platz genommen. Frau Nadja Tiger, Frau Kunigunde Wexelberger und Frau Bhagavadgita Mondkind Windharfe Baumraunen Wolfmeier-Wiltschek sitzen in der ersten Reihe, Frau Ivona Sobieskaya, Frau Yüksel Kratochwil sowie Herr Otto Blume in der letzten.

Frau Marandanna Katholner bittet die Anwesenden, sich zu erheben, und spricht ein kaum zwanzig Minuten dauerndes Gebet, das zwanglos in den schmerzensreichen Rosenkranz übergeht. Hernach zeigt sie zur Auflockerung 600 Dias vom Jakobsweg, den sie letzte Sommerferien gemeinsam mit ihrem Verlobten und dem Herrn Kaplan begangen hat. Anschließend ergreift sie ihre 1999 zum letzten Mal gestimmte Gitarre und beginnt das Taizé-Halleluja zu singen, wird aber von Frau Nadja Tiger unterbrochen.

NADJA: Sagen Sie, braucht man da unten in der Einfahrt eigentlich einen Parkschein?

BAGHAVADGITA, GENANNT GITTI: Falls Sie den Range Rover meinen, da brauchen S eher ein Taxi zum Standplatz von den abgschleppten Autos.

NADJA *(nachdem sie Gitti mit einem einzigen Blick erdolcht, zermalmt, geshreddert und mit dem Großen Cellulitis-Fluch belegt hat)*: Das, meine Liebe, lassen Sie meine Sorge sein.

GITTI *(Stimmtemperatur minus 273 Grad)*: Sehr gern, meine Liebe.

Wenn Kampfmütter einander mit „meine Liebe" titulieren, entspricht das einer Erklärung des Präsidenten der USA, man würde demnächst einem Land humanitäre Hilfe angedeihen lassen.

MARANDANNA: Äh, dieser Elternabend, verehrte Damen und, äh, Herr, ist ein besonders wichtiger, weil bald die, äh, Entscheidung fällt, wohin Ihre Kinder nächstes Jahr kommen.

In Wirklichkeit ist längst alles klar. Die Demarkationslinie verläuft relativ exakt zwischen zweiter und dritter Reihe. Vorn: Gymnasium. Hinten: Hauptschule. Das wird auch durchaus einfühlsam erklärt.

MARANDANNA: Frau Kratochwil, dein Tochter, äh, bissi schwach in Kopf, daher besser wenn wird Hauptschule.

YÜKSEL *(leise):* Das verstehe ich nicht ganz. Meine Ayse ist in Österreich geboren, zweisprachig aufgewachsen und interessiert sich sehr für Rechnen und Biologie. Und Geschichte. Und Literatur ...

MARANDANNA *(weich):* Eben. Viel zuviel für kleines Köpfchen.

IVONA *(zu Yüksel):* Bemiehen Sie sich Ihnen nicht, der Zweite Klassenzug ist abgefahren.

KUNIGUNDE: Muss da immer so getuschelt werden auf den billigen Plätzen? Nicht genug, dass das Bildungsniveau im Keller ist, weil die Bälger von dieser Bagage mitgeschleppt werden müssen ...

Es klopft an der Tür. Bevor jemand reagieren kann, tritt Schulwart Huladek ein.

HULADEK: Frau Lehrär, hot schon wiedär jemand verdareckt in Turnkammerl döm Tarampolin. Und is auch geraucht wordän. Und sind auch die Turnsackaln kompalett durcheinandär. Ein Horror!

Ein Horror! *(händeringend ab; könnte man sehr gut mit Otto Schenk besetzen; diesfalls):* Ein Horror! Einmal geht's noch. Ein, ein, ein Horror!

NADJA: Wenn unserem Theobald schon wieder der Kenzo-Trainingsanzug geklaut worden ist, dann setzt's aber was. Mein Mann ist in der gleichen Burschenschaft wie ...

GITTI: Gehn S, als ob jemand auf die Kunstfaser-Hadern von ihrem Bubi scharf wär. Wahrscheinlich hat er's zerrissen, wie er wieder einmal beim Fenster vom Mädchenklo hineinspechteln wollt.

NADJA *(faucht):* Infame Verleumdung! Mein Theobald tut sowas nicht.

GITTI *(jault auf):* Wollen Sie behaupten, meine Aurora Osiris Maharani Quetzalcoatl lügt?

NADJA *(fährt ihre Krallen aus):* Was soll man erwarten? Das Gezücht von Perversen, die nach der Geburt die Plazenta als Gulasch essen!

GITTI *(fletscht die Zähne):* Als Tandoori Vindaloo! – Und überhaupt, Sie Vollnarkose-Gebärerin: Ihrer Partei verdanken wir doch das Schlamassel!

NADJA *(wirft sich so entrüstet in die Brust, dass die Gucci-Bluse platzt):* Na wart, du linkslinke Chaotenschnepfe!

GITTI *(Frisur gesträubt, Schaumflocken vor dem Mund):* Trau dich, du Kerzenschluckerflitscherl!

YÜKSEL *(fassungslos zu ihrer Nachbarin):* Gott, wieso ...?

IVONA: Das kann ich Ihnen schon erklären. Leite wie die wollen auf andere hinunterschauen – damit sie nicht geradeaus in den Spiegel blicken missen.

OTTO: Ja ja, da werden Weiber zu Hyänen, wie man so schön –

Er verstummt abrupt, als er seinen Fehler erkennt.

Inzwischen sind nicht nur Gittis dunkle Augenbrauen zusammengewachsen, sondern auch ihre Arme mit zotteligem Fell bedeckt. Nadja wiederum hat lange Schnurrbarthaare ausgebildet; Geifer trieft von ihren Lefzen, drohend klopft ihr gestreifter Schweif auf den Boden. Die gegenseitigen Beschimpfungen sind kaum mehr zu verstehen. – „Futgramml!" – „Oaschwarzen!" – „Beidlfriedhof!" kann Blume noch ausmachen, dann ist nur noch Knurren, Gebrüll und Geheule. Die Tigerin und die Wölfin verbeißen sich ineinander. Marandanna Katholner springt, „Friede sei mit euch!" rufend, zwischen sie, worauf sie binnen Sekunden von beiden zerfleischt wird.

Seither sind mehrere Augenzeugen in psychologischer Betreuung.

Die 4A-Klasse wird, bis das Ministerium eine Nachfolgelehrerin bewilligt hat, von Schulwart Huladek unterrichtet.

HULADEK: Seltsom? Jo. Abär so steht es gäschariebön.

190

Erstaunlich, dass aus manchen der Sprösslinge
trotzdem was wird. Als positives Beispiel dient uns …

Der Wexelberger Kurtl

A PA-NA-MA-HUAT-, A GNACK WIAR A STIER -, A LE - DA-NA MAUN TL - BIS
SÜ-BA-NA KOF-FA MIT GUL - DA-NE SCHNOLLN-, SCHWOA-ZE STIEF -LETT- N -, A

WEIT Ü - BAD KNIA -. DA GAUN-ZE BE-ZIRK -, DES IS SEIN - RE - VIER.
PIER-FEI - NE SCHOLN. WAUNN ER WO EIN - KEHRT, MUASS ER - NIX ZOHLN.

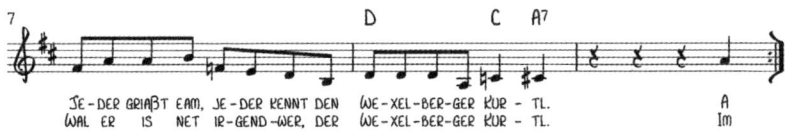

JE-DER GRIASST EAM, JE-DER KENNT DEN WE-XEL-BER-GER KUR - TL. A
WAL ER IS NET IR-GEND-WER, DER WE-XEL-BER-GER KUR - TL. Im

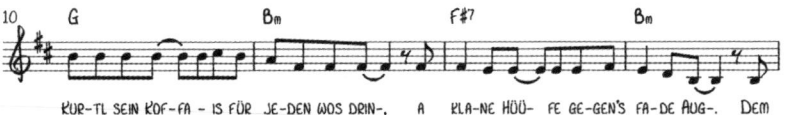

KUR-TL SEIN KOF-FA - IS FÜR JE-DEN WOS DRIN-, A KLA-NE HÜÜ- FE GE-GEN'S FA-DE AUG-. Dem

KUR-TL SEI KOF- FA STEHT IM-MER PA-RAT-, UND GIBT ER DIR WOS AUS-SA, BIST DU NIE MEHR

SCHMÄH - STAD... HIGH, HIGH, HIGH SO-CIE-, HIGH SO-CI - E-TY - !

A Panamahuat, a Gnack wiara Stia.
A ledana Mauntl bis weit übad Knia.
Da gaunze Bezirk, des is sein Revier.
Jeder griaßt eam, jeder kennt den Wexelberger Kurtl.

A sübana Koffa mit guidane Schnoin.
Schwoaze Stiefletten, a piekfeine Schoin.
Waunn er wo einkehrt, braucht er nix zoin.
Wal er is net irgendwer, da Wexelberger Kurtl.

Im Koffer vom Kurtl is für jeden wos drin,
A klane Hüüfe gegen's fade Aug.
Dem Kurtl sein Koffer steht immer parat.
Und gibt er dir wos aussa, bist du locker, fröhlich,
Sehr entspannt, in Bombenstimmung,
Supercool, frohgemut, kreuzfidel, happy und
Des noch zum Quadrat.

Ins Bundesschulzentrum bringt täglich er hin
Marihuana und Amphetamin.
Hinten im Turnsaal, beim Trampolin,
Do wortn schon die Lehrer auf den Wexelberger Kurtl.

Stimmung im Bierzelt, die Hühner rotier'n.
Die Gastronomie kommt neama noch beim Servier'n.
Die Band spielt seit Stunden ohne Pausier'n.
Gepriesen sei das Kokain vom Wexelberger Kurtl!

Am Kurtl sei'm Handy kommt ein SMS:
„Bitte Viagra an meine Adress'.
Vielleicht schaffen Sie's heut noch zur Abendmess'.
Und legen S' ma's in die Sakristei, Herr Wexelberger Kurtl!"

Im Koffer vom Kurtl is für jeden wos drin.
A Antwort für den, der die Frog no net kennt.

Dem Kurtl sei Koffer steht immer parat.
Und gibt er dir wos aussa, bist du nie mehr schmähstad ...

(unbegleitet, über „Fire":) Robbie Williams, Courtney Love,
Mick Jagger und Madonna –
Olle homs beim Kurtl kaaft,
Und wann net, dann bei an ondan.
Und es wor kaan zu teia.

Aber auch beim Bundesheer schätzt man den Herrn Kurtl sehr.
Und im Häfen jeder weiß: Der Kurtl mocht an Sonderpreis!

Im Messequartier is a Ärztekongress.
Zwahundert Chirurgen, de hom immer an Stress.
Am Parkplotz Ferraris und Mercedes
Und da weiße Subaru vom Wexelberger Kurtl.

Das ÖSV-Team fährt in die Schweiz.
Wettkampf und Training gengan ins Kreiz.
Vorne am Leiberl steht: „Iss wos Gscheits!"
Und hinten auf dem Anorak steht: Wexelberger Kurtl.

Schau, so viele Promis auf einem Fleck!
Blendende Laune, es kreist das Besteck.
Da kommt a Inspektor. Welch ein Schreck!
– Geh, moch da net ins Hemd, des is da Wexelberger ... Harry.

Und ist sein Tagewerk passé,
Fohrt da Kurtl noch schnöö in ein feines Palais.
Dort gibt er den Koffer ab voller Marie.
High, high, high Socie-, high Society.

Anfangs

COPYRIGHT © LEO LUKAS

Wir sehen anfangs nicht mal Farben.
Wir können anfangs nicht mal steh'n.
Wir können reden nicht und nicht fotografier'n,
Aber wir können sehr viel Scheiße produzier'n.
Und diese Gabe werden wir nie mehr verlier'n.

Wir machen anfangs in die Windeln.
Wir machen später in den Topf.
Wir machen haufenweise ins Wasserklosett,
Und sehen's an und spülen's dann zufrieden weg.
Ich wär recht froh, wenn ich sonst nichts verschissen hätt.

Wir wissen anfangs ganz genau, was Liebe ist.
Das wird erst später so fürchterlich kompliziert.

Wir haben anfangs alle Zeit der Welt,
Pfeifen auf Norm, Vernunft und Pflicht.
Wir werden Künstler, Tierärztin, Flugkapitän
Und glauben fest, wir landen dort, wohin wir geh'n.
Und sind fast blind vor Lebensmut und Zuversicht.

Und ganz am Ende seh'n wir auch nicht gut,
Und liegen wieder windelweich.
Und Fotos gibt's nur noch aus dem Röntgenlabor,
Und lang und bang erwartet man das Himmelreich,
Und legt ein Sparbuch an für eine schöne Leich.

Wir werden ziemlich sicher nicht viel schlauer sein.
Aber wir haben hoffentlich nicht mehr sooo Schiss.

Dann ist es wieder mal vorüber.
Dann ist es wieder mal vollbracht.
Dann hab'n wir wieder einmal die Kurve gekriegt.
Und haben einmal mehr ein Hauferl her gemacht.
Und dann ist Ruh. – Ich dank fürs Zuhör'n, gute Nacht!

Quellen der Freude

Ich bin sehr vielen Menschen sehr zum Dank verpflichtet dafür, dass aus mir „nichts Ordentliches geworden ist" (wie mein Vater noch auf dem Sterbebett – scherzhaft – sagte, buchstäblich mit seinen letzten Atemzügen):

In erster Linie denjenigen, die meine Sucht nach Horizont erweiterndem Lesestoff zumindest zeitweilig gestillt haben; allen voran eine Wiener Gewerkschafts-Freundin meiner Tante Rosi, die mir regelmäßig Mängelexemplare des Buchklubs, für den sie tätig war, zukommen ließ. Später der Köflacher Buchhändler Herr Kienreich, der immer noch etwas für mich fand, das ich nicht bereits aus der Stadtbibliothek kannte. Noch etwas später die in der Kulturinitiative „Splitter" engagiert Tätigen um Gottfried Dohr und Viktor Reinbacher, Eva Ursprung und Veronika Dreier, die mir völlig neue Sichtweisen auf die Welt eröffneten. Bald darauf Ignaz Knöbl, Reinhold Tscherne und Ingeborg Elis, die mir die Grundregeln des Journalismus' beibrachten. Auf der musikalischen Seite mein Akkordeonlehrer Max Rosenzopf, der mich in die Harmonielehre (no pun intended) einführte, sowie Johannes „Tscho" Theissing, Christian Muthspiel, Werner Helmig, Irene S., Berndt Luef und Christoph Wundrak, die meine kompositorischen Anfänge ernstnahmen, als ich mich noch fragte, ob sich „E7+5" nicht als „E12" abkürzen ließe.

Und, und, und … Die vielen, nicht hier oder an anderer Stelle namentlich erwähnten Lehrmeister bitte ich um gnädige Verzeihung.

*

Zu den Texten in diesem Buch haben folgende Personen Ideen und/oder einzelne „Wuchteln" beigetragen:

Georg Mayrhofer alias Ten Pan Sni (*Die Ballerina*; dabei handelt es sich um ein überarbeitetes Kapitel aus einem Roman, den wir 1999 parallel zum Kabarettprogramm „Wie man Frauen glücklich macht" verfertigt haben. Er ist unter demselben Titel in der Kindle

Edition gratis erhältlich.)
Michael Marcus Thurner (*wos e ima sog*; *Elternabend*; *Der Wexel-berger Kurtl*)
Jeannette Tanzer (*Smørrebrød Song*)
Mike Supancic (*Veronika*; *Im Knittelfelder Bahnhofsresti*; *Im AKH*; *Der Wexelberger Kurtl*)
Simon Pichler* (*I bin lei a Kantna* – weiters Miriam Marakitsch, die den Liedtext auf Villacher Idiomatik überprüft hat)
Olivier Lendl (*Anfangs*)

*

Die Texte auf den Seiten 23 bis 27, 31 bis 34, 84 bis 93, 96 bis 107, 112 bis 114, 117 bis 120, 178 bis 181 sowie 184 bis 185 erschienen ursprünglich als monatliche Kolumnen im österreichischen „Reisemagazin". Dessen Chefredakteurin, die einzigartig wunderbare Christina Dany, hat sie nicht nur damals formidabel redigiert, sondern auch die vorliegende, stark überarbeitete und aktualisierte Fassung einer sorgfältigen Überprüfung unterzogen. Zahlreiche ihrer Anregungen sind in die Endfassung eingeflossen – wie auch jene von Bernhard Torsch, dem hochweisen Eremiten von Klagenfurt.

Die Texte auf den Seiten 51 bis 56 sowie 58 bis 65 habe ich als Radioglossen für die Ö1-Sendung „Café Sonntag" verfasst. Dazu angehalten (und ggf. eingebremst) wurde ich von Michael Kerbler und Peter Blau.

Große Teile von *Die billigste Nummer* erschienen erstmals als Kolumnen in der von Willy Zwerger herausgegebenen Zeitschrift „Klein & Kunst".

Chip Ahoi! erschien ursprünglich 2004 in der von Andreas Eschbach herausgegebenen Anthologie „Eine Trillion Euro", Verlag Bas-

---

* Simon hat ganz gewiss noch wesentlich mehr beigesteuert, als hier aufgelistet wird. Allerdings können wir, da wir seit 1983 kontinuierlich zusammenarbeiten, beim besten Willen nicht mehr nachvollziehen, was ihm oder mir als Erstem eingefallen ist. Siehe dazu unsere Alter Egos Scylla & Charybdis in *Lange Nächte in der Lange Gasse*.

tei Lübbe. Dabei handelt es sich, neben den Perry Rhodan-Romanen, um meine am häufigsten in Fremdsprachen übersetzte Arbeit.

Apropos: Wir bedanken uns bei Perry Rhodan-Chefredakteur Klaus N. Frick und der Verlagsunion Pabel-Moewig für die freundliche Genehmigung zur Verwendung der in *Robotermusik* vorkommenden Namen „Perry Rhodan" und „Gucky".

Die *Zehn Thesen zum Steirertum* erschienen erstmals 2014 in den „Salzburger Nachrichten".

Elternabend wurde erstmals 2006 in der Anthologie „Wiener Roulette" des Fabylon Verlags, herausgegeben von Uschi Zietzsch, veröffentlicht

Großer Dank gebührt nicht zuletzt den Damen des Carl Ueberreuter Verlags, die dieses Buch ermöglicht haben: der Verlagsleiterin Birgit Schott und insbesondere meiner gleichermaßen fantastischen wie leidgeprüften Lektorin Marina Hofinger.

Im Kaffeehaus

Kürzlich saß ich im Kaffeehaus,
Ästimierte mich als Wiener,
Schlürfte langsam den Kaffee aus,
Aß ein Paarl Debrecziner,
Las dabei die rosa Zeitung
Und aus Jux das Kleinformat.
Sonst geschah nichts von Bedeitung,
'S war in Summe schrecklich fad.

Ich nahm eine Zigarette,
Um mich bissl anzuregen.
Dann ging ich auf die Toilette
(eher der Bewegung wegen).
Als ich bald drauf retournierte,
Ging noch alles seinen Gang,
Und im Folgenden passierte
Überhaupt nichts von Belang.

Von den Damen an den Tischen
Wirkten manche recht apart.
Doch mich ins Gespräch zu mischen,
Ist nun mal nicht meine Art ...

So verfloss der frühe Abend.
Später trank ich etwas Wein,
Und ein leichtes Schwipserl habend,
Traf ich froh zu Hause ein.
Meine Frau war schon im Zimmer,
Bot zum Kusse mir den Mund,
Und wir liebten uns wie immer,
Und dann ging ich mit dem Hund.

Meistens wach ich auf um elfe.
Meine Frau kocht den Kaffee,
Wobei ich ihr etwas helfe,
Weil ich Semmerln holen geh.
Mit dem Hund – es ist ein Setter –
Walz ich dann zum Hanslteich.
Manchmal achte ich aufs Wetter,
Aber meistens ist's mir gleich.

Später sitz ich, keine Frage,
Im Café, wie schon narriert.
Tja, so verbring ich meine Tage.

Schön, dass Sie das int'ressiert ...

Lesung

aus dem Programm des Kabarettisten Lukas[*]

Auf dem Gipfel des Berges aber frugen sie ihn: „Meister - woran sollen wir sterben?"
Er aber antwortete: „Ich möchte gar nicht sterben. Und wenn schon, dann grundlos. Todesursache ungeklärt – das mögen die Ärzte überhaupt nicht! Oder romantisch: An einem gebrochenen Herzen. Aber die heutigen Herzen sind zitternde, blutige Säcke. Nehmen Sie sich so ein Herz und versuchen Sie, es zu brechen! Lächerlich! Sie können sich ein Schweinsherz kaufen und kochen und essen und wieder heraufwürgen und verschimmeln lassen und dann noch einmal essen und daran krepieren, dann sind Sie wenigstens an einem ERbrochenen Herzen gestorben. Aber das ist auch nicht romantisch."
Da kam ein großes Schweigen über sie.

Er aber erzählte ihnen ein Gleichnis: „Ein Mann ging zum Arzt, welcher ihm sagte, dass er nur noch drei Tage zu leben habe. Da trank der Mann sich einen großen Rausch an, verprasste all sein Geld im feinsten Freudenhause, und am dritten Tage legte er sich hin und starb ... nicht.
Schließlich ging er wieder zum Arzt, welcher ihm sagte, dass er doch noch drei Monate zu leben habe. Da tat der Mann viel Gutes, füllte viele Unterschriftenlisten aus, protestierte für dies und marschierte für das, las wildfremden Leuten heiter-satirische Texte vor, und tat, wie gesagt, viel Gutes.
Am Ende des dritten Monats trank er sich einen großen Rausch an, verprasste einen hohen Kredit im feinsten Freudenhause, legte sich hin und starb ... nicht.

---

[*] Vorzutragen mit betulicher Stimmgebung, zuweilen überartikulierter Intonation und gelegentlichen, verklemmt-kecken Hüftschwüngen („Pfarrer-Shuffle")

Er ging also abermals zum Arzt, welcher ihm sagte, dass er kerngesund sei und noch 33 Jahre zu leben habe.

Da ging der Mann nach Hause ...

... und freute sich sehr.

Wer es fassen kann, der fasse es, und tue desgleichen.

Leos leichtfassliche Lyrik-Lektion

Oft schon wurde ich gebeten, über die Hohe Schule der Scherzpoesie zu referieren. Hier nun endlich ein einfaches, für den Einstieg geeignetes Exempel.

In der Küche, in der Küche
Gibt es vielerlei Gerüche.

Sehen Sie, das ist ein vielversprechender Anfang: Kurz, prägnant, wenig verratend und doch eine gewisse Vorfreude auf kommende Schweinereien evozierend. Amateure würden jetzt möglicherweise so fortsetzen:

Und daneben auf dem Klo
Sowieso.

Ganz schlecht! Ja, das ergibt wahrscheinlich ein paar billige Lacher – aber verfrüht, verfrüht! Suspense killing der schlimmsten Art! Wir Profis hingegen bringen dazwischen locker noch sechs bis zehn brillante Zeilen unter, in Form der beliebten Aufzählreime:

Knoblauch, Reis und Fleisch vom Schweindl
Modern leis in Pfann und Reindl.
Chilireste wandeln still in
Schimmel sich und Penicillin.
Aus dem Kühlschrank tropft Ammoniak.
Vom Regale dampft der Cognac.
Die Kaffeemaschine zischelt,
Und die Bio-Tonne fischelt.

JETZT ist der Boden bereitet, ein Mikrokosmos aus Verfall und überschrittenem Ablaufdatum errichtet, jetzt atmet die Szene, liegen Spannung und Verwesung gleichermaßen in der Luft, jetzt ist es Zeit für eine elegante dramaturgische Wende, etwa wie folgt:

Aber zehnmal noch ist's schlimmer …

Ein weiterer Spezialtrick der avancierten Dichtkunst: Ganz besonders ergötzt den Leser ein Reim, den man kommen sieht, gleichsam ein Silberstreif noch am beschränktesten literarischen Horizont:

… Überm Gang, im Kinderzimmer.

Ta-taa! Da kommt Freude auf, wenn Reimschmieds Hammer glockenhell den breiten Amboss des Publikumsgeschmackes trifft! Und damit ist diese Blankvers-Miniatur, diese poetische Laubsägearbeit, auch schon so gut wie fertig. Ein bisschen schmirgeln noch, mit Wasserfarben bunt anmalen, dann können wir's im Vorzimmer an die Wand hängen, auf dass es jahrelang gute Dienste als Staubfänger leiste. Kleingeister würden eventuell zusätzlich nach einem Schlussgag verlangen, was einem Überzug mit Klarsichtlack entspräche, oder gar eine Rahmung in Form eines Titels und einer hinten angehängten Moral fordern. Aber derlei, sage ich Ihnen, hat man heutzutage nicht mehr. Kunst kommt von gönnen, jedoch öfter noch von lassen.

Humor bei Ueberreuter

www.ueberreuter-sachbuch.at

Erwin Steinhauer/Fritz Schindlecker

Wir sind super!²

Die österreichische Psycherl-Analyse

Erwin Steinhauer/Fritz Schindlecker

Fröhliche Weihnachterl

Eine schöne Bescherung

Die beiden „Austrologen" analysieren fachkundig unsere alpinen Seelenlandschaften, werfen einen humorvoll-kritischen Blick in die Bundesländer-Seelen und erklären uns unsere liebsten Nachbarn.

In einfühlsamen Gedichten, humorigen Kurzgeschichten und heiteren Mikro-Dramen wird von den beiden Psycho-Austrologen jener Seelentrost gespendet, den wir alle nach der Zeit der Advent-Einkehr am Punschstandl so dringend benötigen.

208 Seiten
Hardcover mit Schutzumschlag
ISBN 978 3 8000 7711 3, € 21,95
Auch als E-Book erhältlich
Erscheint im September 2018

192 Seiten
NEU: zusätzlich 16 Seiten Sonderteil
„Stille Nacht"
Hardcover mit Schutzumschlag und
Lesebändchen
ISBN 978 3 8000 7712 0, € 19,95
Auch als E-Book erhältlich
Erscheint im Oktober 2018